# GWEDDÏO SY'N BYWHAU

## GWEDDÏO'R SALMAU DROS GENHADAETH A DIWYGIAD YN Y TIR

01.03.25 Purchased for my Welsh speaking Brothers and Sisters in Christ at "A Day For Wales" where all who LOVE WALES; Believers from across Wales gathered to pray and praise the Lord for this Holy Nation.
May all who read this book be blessed.
A new song has begun over Wales; one of the JOY of SALVATION brought through the prayers of the saints. Amen.

### Owen Cottom

Cyfieithiad Cymraeg: Meirion Morris

Blessings to you; your English sister in Christ, Angela.

CYHOEDDIADAU'R GAIR

Hawlfraint © Owen Cottom & Cyhoeddiadau'r Gair, 2025

Awdur: Owen Cottom
Cyfieithiad Cymraeg: Meirion Morris
Cynllun y clawr a darluniau: Lucy Dalton
Cysodi: Rhys Llwyd
Golygydd Cyffredinol: Aled Davies

Mae hawl Owen Cottom i gael ei adnabod fel awdur y gwaith hwn wedi ei ddatgan ganddo yn unol â Deddf Hawlfraint, Dyluniadau a Patentau 1988.

Dyfyniadau o'r Ysgrythur o'r Beibl Cymraeg Newydd Diwygiedig gyda hawl Cymdeithas y Beibl.

Cedwir pob hawl.

Ni chaniateir copïo unrhyw ran o'r deunydd hwn mewn unrhyw ffordd oni cheir caniatâd y cyhoeddwyr.

ISBN: 9781859949962

Cyhoeddwyd gan Cyhoeddiadau'r Gair ar ran Cant i Gymru

Cyhoeddiadau'r Gair
Ael y Bryn, Chwilog, Pwllheli, Gwynedd LL53 6SH
www.ysgolsul.com

Mae Cant i Gymru yn gasgliad o ffrindiau'r Efengyl o bob rhan o Gymru ac o'r byd, sy'n credu Duw am gael gweld ton newydd o blannu cenhadol yng Nghymru dros y degawd nesaf.

Am fwy o wybodaeth gweler www.100.cymru

# CYNNWYS

*Prolog:* Diwygwyr Gonest                                            5

| | | | |
|---|---|---|---:|
| 1. | Salm 42: | Gweddïo dros Adnewyddiad Personol | 17 |
| 2. | Salm 44: | Gweddïo dros Ddiwygiad Cenedlaethol | 23 |
| 3. | Salm 45: | Gweddïo dros Adfer Prydferthwch | 31 |
| 4. | Salm 46: | Gweddïo dros Ddewrder y Deyrnas | 39 |
| 5. | Salm 47: | Gweddïo am Ddathlu Gorfoleddus | 45 |
| 6. | Salm 48: | Gweddïo dros Undod Eglwysig | 49 |
| 7. | Salm 50: | Gweddïo am Ffydd Go Iawn | 57 |
| 8. | Salm 74: | Gweddïo dros y Frwydr Ysbrydol | 63 |
| 9. | Salm 75: | Gweddïo dros Godi'r Tlawd | 71 |
| 10. | Salm 77: | Gweddïo am Atgyfodiad Grym | 77 |
| 11. | Salm 79: | Gweddïo dros Leoedd Anial | 85 |
| 12. | Salm 80: | Gweddïo dros Adfer Tir | 93 |
| 13. | Salm 81: | Gweddïo am Glustiau sy'n Gwrando | 101 |
| 14. | Salm 84: | Gweddïo am Galon Pererin | 109 |
| 15. | Salm 85: | Gweddïo am Ddychweliad Gogoniant | 117 |

*Epilog:* Byw y Cytgan                                               125

*Cydnabyddiaeth*                                                     138

*Atodiad:* Anogaethau Gweddi                                         139

*Cyflwynir i Mam a Dad,*
*dau sydd, drwy eu hesiampl dawel*
*a'u gofal ffyddlon,*
*wedi dysgu imi werth*
*bywyd o weddi*

*Prolog*

# DIWYGWYR GONEST

**Cyflwyno Gweddi dros Ddiwygiad**

Does ond angen darllen ychydig o hanes yr eglwys ac fe ddaw un peth yn amlwg yn fuan iawn; mai gweddi yw'r gwreichionyn sy'n tanio fflam symudiad o eiddo Duw. O Ynysoedd Heledd / Hebrides i Corea, o gyfarfodydd y Morafiaid yn y 18fed ganrif i gyfarfodydd gweddi dynion busnes yn 19eg ganrif; o eiriolaeth Evan Roberts ar hyd y nos, i fywyd o eiriolaeth Rees Howells, mae gweddi wedi paratoi'r ffordd yn gyson i weithgarwch rhyfeddol Duw. Pan mae Duw ar fin symud yn y tir, mae'n codi gweddi yn yr Eglwys.

Y cwestiwn cyntaf i'r rhai hynny ohonom sy'n hiraethu am weld Duw yn symud o'r newydd yn ein dyddiau ninnau yw nid 'sut y medrwn drefnu, greu cynllun, neu lunio theorïau', *ond sut y gallem ddod yn bobl sy'n gweddïo?*

Dyma'r cwestiwn sydd wrth galon y llyfr hwn. Yr wyf yn argyhoeddedig y gallem ni fod o fewn un symudiad gweddi at wawrio cyfnod newydd o adnewyddiad efengylaidd.[1] Ac mae symudiad gweddi yn cychwyn pan

---

[1] Rwyf wedi ysgrifennu yn llawnach mewn cyhoeddiad arall ar thema adfywiad ac adnewyddiad yr efengyl yn y wlad. Gweler Owen Cottom, *Revive Us Again: Pursuing a New Day of Mission and Revival in the Land,* Cyhoeddiadau'r Gair, 2025

fydd unigolion yn meddiannu'r alwad i weddi, gan roi eu bywydau i eiriol yn llawn ffydd dros y tir. Dyma i mi, yw pen draw'r daith wrth ysgrifennu'r geiriau hyn. Yr wyf am weld pobl Dduw yn camu i mewn i'w galwad i fod yn gyfryngau adfywiad. Rwyf am weld pobl Dduw yn gweddïo.

Ond, i gerdded y siwrnai yma rhaid inni gael tywyswyr. Rhaid wrth feistri yn y bywyd gweddi. Nid fi yw'r person yma. Cyd-ddisgybl ydw i, ochr yn ochr â phawb sy'n darllen y llyfr hwn. Rydw i eisiau gweddïo. Rydw i eisiau bod eisiau gweddïo, Ond rwy'n cael trafferth, ac yn brwydro efo gweddi. Yn aml mae pethau eraill yn mynd a'm sylw, mae siom yn cymylu fy ngherddediad. Mae blinder a phrysurdeb yn amlach na pheidio yn teimlo fel esgusodion rhwydd i beidio gweddïo. Mae fy Ysbryd yn fodlon. Mae fy nghnawd yn wan.

Os nad wyf yn feistr ar weddi yn gyffredinol, yna yn sicr, nid wyf yn feistr mewn gweddi dros ddiwygiad. Byddwn wrth fy modd yn medru dweud fy mod yn ysgrifennu atoch o ganol y trydydd Deffroad mawr. Byddai'n braf rhoi rhyw 'raglen chwe cham' i chi fyddai'n sylweddoli diwygiad yn eich cymuned. Ond nid fel hyn mae dysgu sut i weddïo am ddiwygiad. Rhaid inni wrth dywyswyr oesol oedd yn gwybod beth oedd byw mewn cyfnodau o ddiwygiad mawr a gwrthgiliad mawr. Rhaid wrth feistri o'r gorffennol a ddysgodd weddïo, a hynny nid fel rhyw ffordd o droi braich Duw, ond a ddysgodd mewn perthynas fyw gyda Duw'r diwygiadau.

Trwy drugaredd, rwy'n adnabod tywyswyr fel hyn, pobl oedd yn feistri yn y bywyd gweddi. Rwy'n gwybod am ddynion a dreuliodd eu dyddiau ym mhresenoldeb Duw; y cyfan a adawyd i ni o'u profiad yw eu gweddïau, gweddïau sydd wedi eu diogelu i bob un ohonom er mwyn inni ddysgu byw'r galwad sanctaidd hwn. Eu henwau yw Asaff a Meibion Cora.

**Cyflwyno'r Meistri**

Offeiriaid a cherddorion yn Israel oedd y rhain, tebyg i arweinwyr addoliad heddiw - yn arbennig yn ystod cyfnod y Brenin Dafydd. Yr oeddent yn gweinyddu yn Nhabernacl Dafydd, yn arwain pobl Dduw yn eu gweddïau a'u haddoliad, ddydd a nos. Yr oedd y rhain yn Salmwyr, yn cofnodi eu gweddïau angerddol er budd pobl Dduw ym mhob cenhedlaeth. Ond un o'r pethau creiddiol sy'n dod i'r amlwg wrth gael ein cyflwyno i'r unigolion hyn yw'r ffaith bod cyn lleied wedi ei gofnodi amdanynt, ar wahân i'r pethau sylfaenol hyn.

Meddyliwch am Asaff; nid yw'n enw sy'n cael ei restru ymhlith cewri arwyr y Beibl. Mae'n gymeriad gweddol di-nod, ac nid oes gyfeiriad ato ond rhyw ddwsin o weithiau yn y Beibl cyfan, a hynny yn aml fel rhywun ymylol i'r hanes pan mae'r testun yn cyfeirio at ryw fanylyn arwyddocaol sydd fawr i wneud ag ef. Ond, o ddod i'w adnabod, fe welwn un sy'n gawr yn yr hanes, a hynny oherwydd ei fywyd gweddi. Mae'n dod i amlygrwydd yn Llyfr y Salmau, ac yno mae 12 Salm yn cynnwys ei enw fel awdur.[2] Offeiriad oedd Asaff, un oedd y gweini ddydd a nos yn y Tabernacl yn nyddiau Dafydd (1 Cronicl 16:5). Mae'n cael ei ddisgrifio fel 'gweledydd' (2 Cronicl 29:30), teitl sy'n awgrymu, wrth iddo weddïo ac addoli, ei fod hefyd yn proffwydo; perthyn i'w Salmau'r rhinwedd o fedru datgelu rhywbeth o realiti'r nefoedd, a'r rhinwedd o fedru cyrraedd ar draws y cenedlaethau. Er nad yw'n bosibl gwybod i sicrwydd fod pob un o'r 12 Salm yma yn perthyn i'r awdur yn uniongyrchol, maent wedi eu dwyn at ei gilydd i bwrpas dangos eu bod yn perthyn i draddodiad Asaff - y dyn o weddi.[3]

A beth am Feibion Cora; nid yn unig mae'r rhain braidd yn anhysbys, ond y maent yn dod o linach oedd bron cael ei ddifodi! Yn nyddiau Moses roedd Cora yn rhan o wrthryfel yn erbyn arweinyddiaeth Duw (Numeri 16). Yn wir, roedd eu pechod mor sylweddol fel bod Cora a'i gyfoeswyr wedi eu llyncu gan y ddaear! Tebyg y byddai enw Cora yn cael ei uniaethu am byth gyda gwrthryfel yn erbyn Duw. Ond, mae'n ymddangos fod gan Dduw fwriad achubol ar gyfer y llinach, a daw hyn i'r golwg yn ddiweddarach. O ludw gwrthryfel mae Duw yn ennyn cân newydd o fawl. Mae un-ar-ddeg o'r Salmau yn dwyn y teitl "I feibion Cora".[4] Ceir cyfeiriad at y teulu yma o gantorion offeiriadol yn 1 Cronicl 15, a hynny ymhlith yr offeiriaid oedd wedi eu hordeinio i arwain y mawl wrth i Arch y Cyfamod gyrraedd yn ôl i Jerwsalem (dydd o ddiwygiad cenedlaethol), a'r tŷ gweddi sefydlwyd

---

2 Salmau 50, 73, 74, 75, 76, 77, 78, 79, 80, 81, 82, 83

3 Pe bai'r holl salmau sy'n dwyn ei enw wedi eu hysgrifennu gan yr Asaff gwreiddiol, yna byddai wedi gorfod ymarfer rhagweledigaeth proffwydol rhyfeddol yn ei ddisgrifiad barddonol o ddigwyddiadau a oedd ymhell i'r dyfodol o'i gyfnod ei hun (er enghraifft, ymddengys fod Salm 74 yn gwneud synnwyr yng nghyd destun cyfnod yr alltudiaeth, gannoedd o flynyddoedd ar ôl teyrnasiad y Brenin Dafydd). Mae'r disgrifiad yn 2 Cronicl 29:30 o Asaff fel 'gweledydd' yn sail i hyn. Fodd bynnag, ymddengys bod y rhan fwyaf o ysgolheigion yn pwyso tuag at 'Asaff' fel dynodiad o draddodiad yn hytrach nag unigolyn.

4 Salmau 42, 44, 45, 46, 47, 48, 49, 84, 85, 87, 88

wedi hynny. Er mai ychydig a wyddom am yr unigolion ysgrifennodd y Salmau penodol hyn, yr ydym yn gallu teimlo'r dyhead am fwy o Dduw yn eu llyfr o emynau.

Dyma ein meistri annhebygol ar ffordd gweddi. Ond cyn inni eu hanwybyddu oherwydd eu bod yn ddi-nod neu oherwydd eu cefndir brith, beth am ystyried efallai fod yr union nodweddion hyn yn wers bwysig wrth inni ddysgu gweddïo. Efallai fod ambell un ohonom yn ystyried ein hunain yn anghymwys i fod yn gewri gweddi oherwydd ein bod yn teimlo nad ydym yn fawr o neb, a braidd nad oes neb yn sylwi arnom, yn union fel mae Asaff yn ymddangos inni. Efallai fod rhai ohonom yn teimlo'n anghymwys oherwydd ein cefndir toredig, fel Meibion Cora. Mae bywydau a gweddïau'r offeiriaid anadnabyddus a drylliedig yma yn ein sicrhau ein bod mewn cwmni da. Mae eu bywydau a'u gweddïau yn ein hatgoffa na fydd gwerth ein bywyd gweddi yn ddibynnol ar safonau'r byd, ond yn hytrach ar ras Duw. Nid yw gweddi yn ddibynnol ar ein perfformiad. Nid rhywbeth mewn arddangosfa yw gweddi. Nid yw chwaith yn ffordd o adeiladu llwyfan, neu i sicrhau dylanwad yng ngŵydd pobl. Ni ellir mesur gweddi â phren mesur 'llwyddiant' y byd. Yn aml mae'n teimlo fel gwaith di-fudd, aneffeithiol a hyd yn oed fel gwaith gwastraffus. Ac eto, fel y dywed Walter Wink,

> Mae hanes yn perthyn i'r eiriolwyr sy'n credu'r dyfodol i mewn i fodolaeth. Gall hyd yn oed nifer fechan o unigolion, rhai sydd wedi ymrwymo i natur anochel yr hyn y maent wedi ei weld yn eu dychymyg, effeithio'n ddigamsyniol ar siâp y dyfodol. Eiriolwyr yw'r rhai sy'n siapio'r dyfodol fel hyn, sy'n galw'r presennol newydd yr ydym yn dyheu amdano i fod heddiw ac yn y dyfodol.[5]

Nid nod gweddi yw i ni gael ein cydnabod ar y ddaear, ond yn hytrach, i gael ein hadnabod yn y nefoedd. Efallai nad yw'r alwad i weddi yn ymddangos mor drawiadol, neu yn ymddangos fel ei fod yn cael effaith weladwy o'i chymharu â galwad i weinidogaethau eraill. A dweud y gwir, wrth estyn at y llyfr yma yr ydych wedi croesi trothwy y mae aml un wedi gwrthod ei groesi. Mae gweddi fel nofio yn erbyn llif effeithiolrwydd a'r syniad o fod yn gynhyrchiol, o ddylanwad a chreu argraff. Ond cawn ein hatgoffa droeon yn y Beibl fod ein Duw yn symud mewn ffyrdd

---

5 Walter Wink, *Engaging the Powers: Discernment and Resistance in a World of Domination*, Fortress Press, 1992.

chwyldroadol sy'n guddiedig. Yn yr hedyn sy'n cael ei blannu (Marc 4:30-32). Yn y gwynt sy'n chwythu fel y mynno (Ioan 3:8). Yn y lefain cudd (Mathew 13:33). Mae gweddi'n guddiedig ac mae gweddi'n rymus. Does dim gwrthdaro rhwng y ddeubeth yma. Mae Asaff a Meibion Cora yn ein gwahodd i ffordd o fyw sy'n ennyn sylw Duw, a hynny wrth inni ildio unrhyw sylw daearol. Yn y broses yma, cawn ein galw i fod yn fwy dynol, yn fwy byw. Fe'n ganwyd i rannu calon Duw, ac i ddod yn sianelau i galon Duw er mwyn i'w fendith gyffwrdd â phob cornel o'i greadigaeth. Ni cheir y llawenydd, na'r ystyr y mae ein calonnau yn ochneidio amdano yn unman arall ond ym mhresenoldeb Duw ac yn y bywyd o weddi.

**Cyflwyno eu Gweddïau**

Er mwyn sicrhau mynediad i'r bywyd gorfoleddus yma, y bywyd sy'n llawn ystyr, rhaid inni ddysgu iaith gweddi. Dyma'r allwedd sydd yn Llyfr y Salmau. Llyfr gweddi Israel oedd, ac yw'r Salmau. Dyma lyfr gweddi'r Eglwys, a llyfr gweddi Iesu. Gweddïau yw'r rhain sydd wedi eu hysgrifennu gan unigolion oedd yn prosesu bywyd cyfan ym mhresenoldeb Duw. Mae pob Salm wedi eu rhoi inni fel iaith gweddi, ond mae Salmau Asaff a Salmau Meibion Cora am ein cynorthwyo mewn dwy ffordd yn benodol os ydym am ddiogelu bywyd o weddi.

Yn gyntaf mae'r rhain yn weddïau am ddiwygiad. O ddarllen unrhyw un o Salmau Asaff neu Feibion Cora fe welwch yn syth fod y dynion hyn yn dyheu am fwy. Yn fy nhaith bersonol i mewn i fywyd o weddi, yr wyf wedi sylweddoli'r angen i gael rhai i'm tywys sy'n fy ngalw i weddïo am fwy, fel rhain. Gweithred y dychymyg yw gweddi; mae'n rhyw farsiandïaeth mewn realiti anweladwy. Oherwydd hyn, rhaid imi wrth rai i'm tywys sy'n medru llenwi fy meddwl gyda synnwyr mor eang o ogoniant Duw fel fy mod yn dyfalbarhau mewn gwaith sy'n ymddangos yn ddi-fudd, braidd yn fy atgoffa nad wyf yn siarad â'r awyr. Rhaid imi wrth bobl ffydd i'm tywys, ffydd sy'n llenwi fy nychymyg â grym gwyrthiol Duw, a chof am waith achubol Duw mewn hanes. Mae hwn yn rhywbeth sy'n arbennig o berthnasol i ni yng Nghymru heddiw. Mae ein tirwedd yn parhau i dystio i olion o'r hyn y mae Duw wedi ei wneud yn ein gorffennol. Mae'r capeli gwag, y cymunedau di-dduw, a'r chwalfa gymdeithasol i gyd yn ein hatgoffa o'r dyddiau o ogoniant a fu - pan oedd mwyafrif y boblogaeth yn addoli Iesu - dyddiau sydd wedi cilio ers cenedlaethau. Rhaid cyniwair ein dychymyg mewn gweddi gan atgofion o'r hyn y mae Duw wedi ei wneud. Mae gweddïau Asaff yn llawn o'r math hyn o ddarluniau ac atgofion, fel yn wir y mae Salmau Meibion Cora. Maent yn ein herio i ddyheu am fwy.

Yn ail, gweddïau gonest yw'r Salmau hyn. Wrth ichwi ddarllen unrhyw un o Salmau Asaff neu rai Meibion Cora, fe fyddwch braidd wedi eich synnu eu bod yn barod i ganu pethau fel hyn mewn addoliad cyhoeddus. Yn fy nhaith bersonol i mewn i fywyd o weddi, rwyf wedi sylweddoli'r angen am rai i'm tywys sy'n caniatáu gofod i fod yn onest a real. Dim ond am hyn a hyn y mae twyllo yn tycio; mae'n waith rhy flinedig. Bydd gweddi yn methu os ydym yn weddiwyr anonest. Bydd cymaint o'n bywyd yn cael ei fyw mewn gofod sy'n ein temtio i fywyd ffug, i wisgo mwgwd, i berfformio er mwyn cymeradwyaeth. Yn anffodus, mae'r meddylfryd yma sy'n seiliedig ar berfformiad yn medru ymwthio'n llechwraidd i'n bywyd ysbrydol. Yr oedd Iesu'n arbennig o ymwybodol o hyn, pan ddysgodd ei ddisgyblion, "A phan fyddwch yn gweddïo, peidiwch â bod fel y rhagrithwyr..." (Mathew 6:5).

O bryd i'w gilydd mae diwylliant y capel yng Nghymru wedi syrthio i'r fagl yma. Meddyliwch er enghraifft am ein Cymanfaoedd Canu. Traddodiad blynyddol oedd hwn o fewn eglwysi Cymraeg, gan ganiatáu pobl i ddod at ei gilydd i ganu a chlywed rhai o emynau a thonau gorau ein traddodiad, a hynny mewn pedwar llais. Ar ei orau roedd yn crisialu'r gorau o fewn ein diwylliant mewn ffordd oedd yn anrhydeddu Duw: dyma wlad y gân, ac yn wir, y mae cyfnodau o ddiwygiad yng Nghymru wedi eu nodweddu yn aml gan ganeuon ffydd rhyfeddol. Ond dros y blynyddoedd, gwacawyd digwyddiadau fel y Gymanfa o'u ffocws ar Dduw a'r Efengyl, gan ddod yn ddim mwy na pherfformiad. Daeth gweddi a mawl yn ddim mwy na ffurf soniarus o gelfyddyd ddynol, yn ddihangfa o fyd briwedig. Ond, mae gweddi go iawn yn aml yn swnio'n fwy chwerw na melys, gan fod gweddi go iawn yn weddïo gonest. Yn ôl C.S. Lewis, "rhaid codi o flaen Duw yr hyn sydd ynom, yn hytrach na'r hyn ddylai fod ynom". Gwahoddiad i fod yn onest â Duw yw gweddi.[6]

O edrych ar Asaff, mae hwn yn un sy'n iachusol o onest wrth ymrafael â Duw. Braidd nad yw yn gwaedu pob emosiwn yn ei weddïau. Mae cip sydyn ar Salmau Asaff yn datgelu iaith cwestiynu ac iaith dryswch; "Pam, Dduw, y bwriaist ni ymaith am byth? Pam y myga dy ddigofaint yn erbyn

---

6 C. S. Lewis, *Letters to Malcolm: Chiefly on Prayer*, Harcourt, Brace and World, 1964

defaid dy borfa? Am ba hyd, O Dduw, y gwawdia'r gwrthwynebwr? Pam yr wyt yn atal dy law?" Mae'r dyfyniadau hyn i gyd o Salm 74 - does ryfedd ei fod yn cydnabod yn Salm 73:16 - "Ond pan geisiais ddeall hyn, yr oedd yn rhy anodd i mi.."! Wrth inni symud i fod yn bobl sy'n gweddïo am ddiwygiad, nid ydym am fynd ar goll mewn rhyw orfoledd ffug na gweddïau ffug. Yr ydym am weddïo yn ffordd Iesu - yn onest. Yr ydym am ddod gyda'n calonnau, ein dagrau, ein bywydau, ein heglwysi, ein tir, a dod â'r cyfan fel rhai bregus o flaen gorsedd gras, heb unrhyw ymdrech i guddio ond, yn barod i ganiatáu i Dduw i weithio gyda'r hyn sydd yma go iawn. Mae'r meistri gweddi hyn am ein cynorthwyo.

Fe fydd Asaff a Meibion Cora yn dywyswyr priodol i'n gweddïau gan eu bod yn Ddiwygwyr Gonest. Nid pobl sydd wedi rhoi eu bryd ar ddiwygiad i'r graddau eu bod yn colli gafael ar realiti. Nid rhai sydd chwaith mor onest fel eu bod yn troi yn sinigaidd. Byddwn yn eu cael yn rai sy'n medru cydbwyso breuddwydio hyderus wrth gofleidio'n ostyngedig y realiti sydd o'u cwmpas. Mae'r rhain am fod yn dywyswyr sydd am gynorthwyo a dyfnhau bywyd gweddi'r rhai hynny ohonom sydd, o fod yn onest, yn cael gweddïo'n waith anodd. Gadewch inni felly ddysgu wrth draed y meistri gweddi hyn. Gadewch inni gerdded drwy ambell un o'u Salmau gan ddysgu i ddod yn bobl gweddi yn eu cwmni. Yr ydym am oedi ein gweithgarwch diorffwys am gyfnod fydd yn ddigon i ganiatáu inni ddysgu mewn ffordd gudd ac amyneddgar. Beth am uno'n lleisiau â'u lleisiau hwy wrth inni weddïo am ddiwygiad yn ein tir.

## Cyflwyno'r Canllaw Gweddi hwn

Cyn inni blymio i mewn i Salmau Asaff a Salmau Meibion Cora, dyma ambell ganllaw ymarferol am y ffordd y cynlluniwyd y llyfr hwn a'i gynnwys.

Yn gyntaf, mae'r llyfr wedi ei ysgrifennu fel adnodd gan Cant i Gymru, menter sy'n gweithio at weld eglwysi newydd yn dod i fod yma yng Nghymru. Byddwn yn disgrifio ein hunain fel criw o ffrindiau'r Efengyl sy'n credu Duw mewn perthynas â thon o blannu eglwysi yng Nghymru dros y degawd nesaf. Rhan sylweddol o'n strategaeth i weld y diwrnod newydd yma o dwf yn ein tir yw "codi byddin o eiriolwyr cyffredin". Yr ydym yn sylweddoli, os na fydd i Dduw symud yn ei nerth, gwag fydd pob un o'n cynlluniau. Felly, rydym yn gweddïo. O ganlyniad i'r cysylltiad hwn â Cant i Gymru, mae'r hyn welir yn Salmau Asaff a rhai Meibion Cora yn cael ei defnyddio fel ynni fydd yn tanio gweddi am ddiwygiad yng Nghymru. Gobeithir y bydd darllenwyr gweddigar yn cael yn y llyfryn hwn ddeunydd fydd yn medru cael ei gymhwyso yn fwy cyffredinol i'w bywyd gweddi, ac i fywyd eu cymunedau. Ond, prif ddiben ysgrifennu yw cynorthwyo'r saint yng Nghymru, a chyfeillion gwaith yr Efengyl yng Nghymru, i weddïo dros y tir prydferth ond toredig yma.

Yn ail, mae'r llyfr wedi ei gynllunio yn fwy fel canllaw i weddi na chanllaw i astudio. Fy mreuddwyd wrth ei ysgrifennu yw y bydd y darllenwyr yn treulio cymaint o amser a'u llygaid ar gau yn galw ar yr Arglwydd, ac y byddant a'u llygaid ar agor yn darllen y geiriau ar y dudalen. Mae ffurf y llyfr wedi ei fwriadu i bwysleisio hyn...

- Mae yna 15 Salm wedi eu cynnwys yn y llyfr - saith o eiddo Asaff ac wyth gan Feibion Cora. Y rheswm dros ddewis pymtheg yw er mwyn annog darllenwyr i weddïo drwy'r Salmau hyn ar ddiwygiad bob pythefnos, gan feithrin arfer hynafol o ddefnyddio'r Salmau fel arf gweddi ddyddiol.[7] Mae'r pymthegfed yn un o'r Salmau parexcellence ar weddïo am ddiwygiad, ac yn cwblhau'r casgliad er mwyn ein cynorthwyo yn ein bywyd gweddi. Bydd hefyd yn golygu fod y pymtheg yn gylch dwbl mewn mis arferol o 30 niwrnod.

- Mae geiriau'r Salmau wedi eu hargraffu'n llawn (BCND), gan gynorthwyo darllenwyr i symud yn ddi-rwystr rhwng darllen myfyrdod ar y Salm i weddïo union eiriau'r Salm yn araf ac yn llafar. Er mae opsiwn yw hyn, y mae'n fwriadol. Tystiolaeth y Salmau yw bod gweddi yn rhywbeth sy'n ymwneud ag amryw o'r synhwyrau, yn brofiad corfforol braidd. Wrth lefaru yr ydym yn cynnwys corff a meddwl mewn ffordd sy'n caniatáu'r cyfle gorau posibl i ennyn ymateb yn ein henaid drwy'r geiriau rhyfeddol hyn.

- Rhennir pob Salm i dair neu bedair adran fel bod cyfle i oedi a gweddïo drwy bob adran.

- Yr wyf wedi ysgrifennu myfyrdodau ar bob adran o'r Salm er mwyn

---

[7] Wrth ysgrifennu'r llyfr hwn mae Cant i Gymru yn anfon e-bost gweddi bob rhyw bythefnos, felly mae cael 15 Salm i weddïo drwyddynt yn darparu tanwydd ar gyfer gweddi i'r pwyntiau gweddi diweddaraf sy'n dod yn yr e-bost hwnnw!

cynorthwyo'r deall i weddïo'n ystyrlon. Mae'r myfyrdodau hyn wedi eu cynllunio i roi deall ac i ysbrydoli ein bywydau gweddi. Gobeithio y bydd y myfyrdodau yn fan cychwyn fydd yn ein cymell i weddïo yn hytrach na gwybodaeth ddi-fudd!

- Gan fod y deunydd wedi ei ysgrifennu gyda llygad ar waith Cant i Gymru, mae yna flas Cymreig i'r amrywiaeth o eglurebau ac esiamplau hanesyddol sy'n cael eu defnyddio yn y myfyrdodau. Er hynny, ni ddylai hyn atal unrhyw un rhag eu defnyddio i feithrin ffordd o fyw gweddigar dros ddiwygiad yn eu tir, eu cymunedau, neu eu rhwydwaith.

Yn drydydd, er y bydd pob myfyrdod yn gorffen gydag eiliad 'SELA' (cyfle i oedi ac i ymateb mewn gweddi i'r hyn ddarllenwyd), mae prif gyfeiriad y llyfr hwn wedi ei lunio nid yn gymaint fel arf ymarferol, ond fel arf i ennyn newyn ysbrydol yn y darllenwyr. Mae ymarfer yn bwysig i weddi (fel y bydd yr Atodiad yn gosod allan yn fwy manwl!). Ond mae archwaeth ysbrydol yn gwbl hanfodol i weddi. Rhywbeth i'r galon yw gweddi, rhywbeth sy'n cael ei sianelu wedi hynny drwy arfer ac ymarfer. Mae calon heb arfer yn rhywbeth ar hap. Mae arfer heb galon yn weddïo deddfol. Ond, pan ddaw calon ac arfer ynghyd, mae hyn yn arwain at weddïo grymus. Dyma'r hyn yr ydym yn anelu at ei sylweddoli wrth baratoi'r deunydd hyn.

Yn olaf, ar ddiwedd y llyfr mae yna adran sydd wedi ei henwi yn 'Anogaethau Gweddi', sy'n cynnwys themâu a phwyntiau gweddi pob Salm wedi eu crynhoi. Yr wyf yn dyheu gyda dyfnder fy mod y bydd y Salmau hyn yn treiddio i mewn i hanfod ein perthynas â Duw. Ychydig o ddiddordeb sydd gennyf mewn sylweddoli unrhyw ddyhead i bobl weld fy myfyrdodau fel rhywbeth dwfn, neu hyd yn oed fel myfyrdodau defnyddiol yn eu hunain. O ganlyniad, os byddaf yn llwyddo i weithredu fel ffrind i Asaff ac i Feibion Cora, yn cyflwyno eu gwaith hwy i'r graddau y bydd fy ngeiriau yn ddim mwy na drws i'w geiriau hwy, byddaf wrth fy modd. Bydd yr adran ar 'Anogaethau Gweddi' yn cymryd y prif themâu sy'n cael eu dadbacio yma, a'u troi gobeithio yn anogaeth effeithiol i weddi ddyddiol. Arwyddocâd hyn yw y byddwch yn medru defnyddio'r pymtheg Salm yma yn eich bywyd gweddi ar sail barhaol; er efallai na fyddwch yn darllen drwy'r myfyrdodau mwy nag unwaith neu ddwy, byddwch yn medru gweddïo'r pymtheg Salm ar hyd y flwyddyn.

## Cyflwyno ein hunain

Rwyf wedi cyflwyno gweddïo am ddiwygiad, wedi cyflwyno'r meistri, cyflwyno eu geiriau, a chyflwyno'r llyfr hwn. Mae galw am un cyflwyniad arall cyn inni fentro i ganol y gweddïau rhyfeddol hyn. Yr wyf am eich cyflwyno chi. Efallai fod hynny yn swnio'n ffordd ryfedd o gloi'r geiriau agoriadol yma, ond efallai mai dyma'r cyflwyniad pwysicaf os ydym am lwyddo i feithrin bywyd o weddïo dros ddiwygiad. Pam? Oherwydd un o'r rhesymau y byddwn yn methu mewn gweddi yw am ein bod yn anghofio pwy ydym ni mewn gwirionedd yng Nghrist. I ddod yn bobl gweddi mae'n rhaid inni ail-ddarganfod yr hunaniaeth hynny y mae Duw wedi cyfrannu inni fel pobl Iesu - ac un wedd o hynny yn arbennig.

Yr oedd Asaff a Meibion Cora yn gweddïo o'r sylweddoliad eu bod yn *offeiriaid*.

O dan drefn yr Hen Gyfamod, yr oedd yr offeiriaid yn sefyll ym mhresenoldeb Duw ar ran y bobl. Yn arferol roeddent yn perthyn i un o lwythau Israel, llwyth Lefi - y llwyth offeiriadol. Byddai'r offeiriaid yn dwyn aberthau, gweddïau, a beichiau i mewn i bresenoldeb Duw yn lle'r bobl, fel bod y gymuned yn profi maddeuant Duw gyda golwg ar eu pechodau, ac yn cael byw o dan ei fendith. Mae holl draddodiad offeiriadol yr Hen Destament yn arddangos dyhead Duw i fyw ymhlith ei bobl. Wedi dweud hyn, mae'n ddarlun anghyflawn o'r hyn yr oedd Duw yn dyheu amdano yn y pen draw. Yr oed yr union offeiriaid oedd yn sefyll fel cynrychiolwyr Duw yn ddiffygiol. Beth bynnag, mae'r syniad o un yn sefyll ym mhresenoldeb Duw i fod yn ddim mwy na ffordd o gyrraedd y nod eithaf - caniatáu i bawb yn y gymuned i brofi Duw fel hyn. Wrth gyfrannu'r Deg Gorchymyn yn Exodus 19:6, mae Duw yn mynegi ei fwriad achubol tragwyddol - y byddai ei bobl yn dod "yn deyrnas o offeiriaid". O'r ieuengaf i'r hynaf, gwryw a benyw, beth bynnag am gefndir teuluol neu ethnig, mae Duw yn dyheu y bydd pawb sy'n ymddiried ynddo yn mwynhau mynedfa, braint a chyfrifoldeb offeiriaid.

Rhyfeddod yr Efengyl yw bod Iesu wedi dod o'r nefoedd i'r ddaear i fod yn "archoffeiriad mawr" (Hebreaid 4:14). Daeth fel un ohonom, "yn debyg i'w berthnasau, er mwyn iddo fod yn archoffeiriad tosturiol a ffyddlon, gerbron Duw, i fod yn iawn dros bechodau'r bobl." (Hebreaid 2:17). Bellach, mae Iesu yn sefyll ar ein rhan, wedi atgyfodi ac esgyn o'r bedd, gan agor ffordd i ni fyw yno hefyd. Ond nid yw rhyfeddod yr Efengyl yn gorffen gyda'r gwirionedd hyn. Daeth Iesu i adfer yr hunaniaeth y mae Duw wedi ei fwriadu ar ein cyfer; i fyw fel offeiriaid yn awr. Ynddo Ef, yr ydym yn "offeiriadaeth frenhinol" (1Pedr 2:9). Golyga hyn, yn yr un ffordd ac yr oedd Asaff a Meibion Cora yn cymryd eu cyfrifoldeb i eiriol dros eu byd oherwydd eu bod yn offeiriaid, fe ddylem ninnau hefyd weld hyn fel rhan ganolog o'n bywyd yng Nghrist. Does dim angen i ni gael ein hordeinio mewn rhyw ffordd arbennig er mwyn gwasanaethu fel offeiriaid yn ein tir. Y cyfan sydd ei angen yw ein bod yn eiddo i Iesu. Unwaith y byddwn yn eiddo i Iesu fe gawn y fraint o rannu ei galon ef am ein tir, ochr yn ochr â'r fraint o godi ac eiriol am angen y tir o flaen yr Arglwydd. Yn ôl awdur y llythyr at yr Hebreaid, "gadewch inni nesáu mewn hyder at orsedd gras, er mwyn derbyn trugaredd a chael gras yn gymorth yn ei bryd." (Hebreaid 4:16)

Mae Cymru mewn cyfnod o angen mawr. Gwelwn eglwysi'n plymio i ddifodiant. Crwydrodd ein cymdeithas o ffyrdd Duw. Mae eneidiau colledig yn marw heb adnabyddiaeth o obaith yr Efengyl. Pwy ydym ni yng nghanol yr angen yma? Ni yw'r offeiriaid. Ni yw disgynyddion Asaff a Meibion Cora. Oherwydd hynny, ni yw'r rhai sydd wedi eu galw i nesáu at orsedd gras gyda hyder, gan geisio trugaredd a gras i Gymru yn ei hangen.

Gadewch inni ddefnyddio'r pymtheg Salm yma fel arfau yn ein gwaith offeiriadol. Gadewch inni ddefnyddio'r pymtheg Salm yma fel tanwydd i'n hyder mewn gweddi. Gadewch inni ddefnyddio'r pymtheg Salm yma i weddïo am ddiwygiad yng Nghymru.

## *Salm 42*
# GWEDDÏO DROS ADNEWYDDIAD PERSONOL

Cyn gweddïo am ddiwygiad yn ein tir, rhaid cychwyn drwy weddïo am ddiwygiad yn ein heneidiau. Mae'r diwygiad yr wyf yn dyheu am ei weld yng Nghymru yn cychwyn ynof fi.

Yr ydym yn dod i weddi braidd fel y byddwn yn dod at wawr pob bore; fel ac yr ydym. Ofer yw dweud yn wahanol. Byddwn yn cyrraedd yn ffwndrus, yn flinedig ac ar chwâl - a byddwn yn meddwl o dro i dro ymhle, neu hyd yn oed pwy ydym. Mae gweddi yn ffordd o ddeffro, dod yn ymwybodol o'r newydd o realiti ysbrydol mewn byd sydd yn gyson yn merwino ein hymwybyddiaeth o'r fath beth. Ar yr un pryd y mae gweddi yn ffordd i ail-gyfeirio, dod o hyd i gydbwysedd mewn byd dryslyd. Ond sut mae canolbwyntio a darganfod cyfeiriad pan fo'n meddwl ym mhobman? Sut mae cael hyd i'n traed pan fo'n cyrff yn flinedig? Yr ydym yn darllen Salm 42.

Mae Salm gyntaf Meibion Cora yn ein symud i ystum gweddi. Diddorol yw sylwi ar strwythur y Salmau. Salm 42 yw'r gyntaf yn yr Ail Lyfr. Heb ddarllen gormod i hyn, mae'n amlwg yn gychwyn newydd. Mae'r hyn oedd o'r blaen wedi ei adael y tu ôl. Beth bynnag oedd yr olwg ar eich perthynas â Duw hyd yn hyn mae hynny wedi ei gadw'n ddiogel. Beth am yr hyn fyddwch o hyn ymlaen? Mae'r ddalen yn troi. Beth tybed fydd yr olwg ar Lyfr 2 eich bywyd gweddi?

Mae'r hyn aeth o'r blaen wedi ei adael: efallai fod hwn yn fan cychwyn pwysig i chi yn eich taith weddi. Efallai nad ydych wedi bod mor agos i Dduw ac yr oeddech yn ei ddymuno. Efallai nad ydych wedi ymrwymo i weddi fel ac yr oeddech wedi dychmygu byddai'n wir. Efallai eich bod yn ymwybodol o'r gwahanol ffyrdd yr ydych wedi siomi Duw. Caniatewch i Salm 42 fod yn gychwyn newydd. Mae Meibion Cora yn cyrraedd y Salmau gydag enw oedd wedi ei barddu a llinach oedd wedi ei thorri (gw yr adran "Cyflwyno'r Meistri" yn y Cyflwyniad). Y maent oll yn ymwybodol o fethiant eu teuluoedd i fyw mewn perthynas gyfamodol â Duw. Ond, yn Salm 42 maent yn ein hatgoffa fod pob diwrnod newydd yn gychwyn newydd mewn gweddi, gan fod trugareddau'r Arglwydd tuag atom bob dydd yn newydd (Galarnad 3:23). Gwahoddiad yw Salm 42 i obeithio yn Nuw unwaith eto, i obeithio yn Nuw adfywiad, diwygiad ac atgyfodiad - "fy Ngwaredydd a'm Duw" (ad 11).

Mae Salm 42 yn weddi am adnewyddiad personol; yn weddi am gael ail-gychwyn. Yr ydym yn darganfod cyswllt newydd â'n calon. Cawn ein hatgoffa o bresenoldeb Duw yn ein bywydau. Yn ychwanegol, cawn ein sicrhau wrth gofio addewidion Duw. Drwy hyn i gyd mae'n ein paratoi i gael ein hadnewyddu gan Dduw. Gadewch inni weddïo Salm 42, gan ofyn a disgwyl, wrth inni wneud hynny, y bydd bywyd Duw yn gorlifo i'n heneidiau ni o'r newydd er mwyn inni fedru gweddïo i fywyd Duw orlifo dros ein tir. Mae angen dybryd am ei adfywiad, nid yn unig yn ein heneidiau, ond ar draws tirwedd Cymru heddiw.

**DARLLENWCH Salm 42:1-2 yn araf ac yn llafar**

> Fel y dyhea ewig am ddyfroedd rhedegog,
> felly y dyhea fy enaid amdanat ti, O Dduw.

Y mae fy enaid yn sychedu am Dduw, am y Duw byw;
pa bryd y dof ac ymddangos ger ei fron?

Beth sydd o'i le yn y byd? Bydd gan wleidyddion, economegwyr, amgylcheddwyr, gwyddonwyr, bob un ateb gwahanol. Mae'n bosibl y bydd pob un yn gywir. Ond beth yw ateb y Creawdwr i'r cwestiwn? Beth yw'r broblem sydd wrth wraidd pob problem? Yn ôl Duw ei hun, "Yn wir, gwnaeth fy mhobl ddau ddrwg: fe'm gadawsant i, ffynnon y dyfroedd byw, a chloddio iddynt eu hunain bydewau, pydewau toredig, na allant ddal dŵr." (Jeremeia 2:13) Yr ydym wedi ffeirio'r peth go iawn - bywyd gyda Duw - am eilbeth toredig. Ond, mae gobaith. Wrth inni gychwyn sychedu am y Duw byw o'r newydd, yr ydym ar ymyl yr adfywiad sydd ei angen arnom. Mewn tir diffaith, does ond un afon sy'n bodloni; presenoldeb y Duw byw. Mae ein heneidiau wedi eu creu i gael eu disychedu ym mhresenoldeb Duw. Dyma ble mae'r Salmydd yn yr adnodau hyn. Daw i sylweddoli mae Duw yw'r ateb i gur ei galon. Yn y sylweddoliad hwn mae'n holi, "pa bryd y dof ac ymddangos ger ei fron?"

Mae cymaint o'n rhwystredigaeth yn y byd hwn yn deillio o'r ffaith fod ein heneidiau wedi crino o ddiffyg dŵr. Yr ydym fel yr ewig sychedig yma. Sylwch fod y darlun o ewig yn dyheu am ddŵr nid yn gymaint yn ddarlun o brydferthwch coedlan hardd ond i'r gwrthwyneb, yn arwydd o gyfyngder eithafol. Mae gweddïo'r geiriau hyn yn caniatáu cyfle inni ddod yn onest o flaen Duw, i ddeffro ein heneidiau lluddedig. Efallai eich bod yn teimlo yn bell oddi wrtho, gofynnwch iddo ddod yn agos. Efallai eich bod wedi Ei anghofio, gofynnwch iddo ddatguddio'i hun. Efallai eich bod wedi cau eich calon, gofynnwch iddo ei hagor. Nid yw'r ffynnon wedi sychu. Gyferbyn â'n syched mae Duw yn sefyll, yn disgwyl gyda gras newydd i'n cynorthwyo, daioni newydd i'n bodloni. Tybed os wnawn ni ddod â'n calonnau sychedig ato?

**SELA:** cymerwch eiliad i ail-gysylltu â'r galon sy'n dyheu am Dduw. Oedwch yn llonydd yn ei bresenoldeb am rai munudau. Gofynnwch gwestiwn adnod 2 Iddo, " a gaf fi ddod i gwrdd â thi"? Gweddïwch allan enwau Duw, yr enwau sy'n eich atgoffa o'r ffordd y mae'n eich bodloni; Bara'r bywyd, Dŵr bywiol, Bugail da, y Wir Winwydden, Câr fy enaid, Iachawr.

**DARLLENWCH: Salm 42:3-7 yn araf ac ar lafar**

Bu fy nagrau'n fwyd imi ddydd a nos,
pan ofynnent imi drwy'r dydd, "Ple mae dy Dduw?"
Tywalltaf fy enaid mewn gofid wrth gofio hyn—
fel yr awn gyda thyrfa'r mawrion i dŷ Dduw
yng nghanol banllefau a moliant, torf yn cadw gŵyl.
Mor ddarostyngedig wyt, fy enaid,
ac mor gythryblus o'm mewn!
Disgwyliaf wrth Dduw; oherwydd eto moliannaf ef,
fy Ngwaredydd a'm Duw.
Y mae fy enaid yn ddarostyngedig ynof;
am hynny, meddyliaf amdanat ti
o dir yr Iorddonen a Hermon
ac o Fynydd Misar.
Geilw dyfnder ar ddyfnder
yn sŵn dy raeadrau;
y mae dy fôr a'th donnau
wedi llifo trosof.

Mae Salm 42 yn ein hysgwyd o'n difaterwch ysbrydol ac yn ein cynorthwyo i wynebu realiti. Salm yw hon sy'n ein tynnu o'r dŵr bas, y man yr ydym yn byw y rhan fwyaf o'n bywyd, i mewn i'r hyn sy'n gorwedd o dan yr wyneb. Mae'r Salmydd yn wynebu'r lleisiau sy'n ei aflonyddu (3) a'r amgylchiadau sy'n ei dristau (6). Daw profiadau llawen o Dduw yn y gorffennol i'w feddwl, ond ymhle y mae'r llawenydd hwnnw bellach (4). Mae'n teimlo ei fod mewn lle pell. Ond y newid allweddol yw ei fwriad i gofio Duw, a hynny yn ei amgylchiadau yn awr (6).

Does dim rhaid bod 'yn nhŷ Dduw' i weddïo. Pan fu farw Iesu ar y groes rhwygwyd llen y deml yn ddau. Mae mynediad at bresenoldeb sanctaidd Duw wedi ei ganiatáu i bawb sy'n ymddiried yn Iesu. Bellach mae pobman - ble bynnag y mae ein Hermon neu Misar - yn medru bod yn fan gweddi. Dyhead Duw yw cael bod gyda chi lle yr ydych, yng nghanol yr holl 'bethau' go iawn sy'n llenwi eich bywyd go iawn. Ceir cyswllt mewn gweddi rhwng ein gorffennol a'r ymestyn mewn gobaith at ein dyfodol, ond mae bob amser yn realiti presennol. Presenoldeb Duw yn ein presennol yw gweddi. Nid ffurfioldeb crefyddol yw gweddi. Hanfod gweddi yw arllwys ein calon wrth droed gorsedd Duw. Mae gweddi go iawn yn digwydd pan fo dyfnder ein calon yn galw ar ddyfnder Duw, pan fo dyfnderoedd calon Duw yn cartrefi ym mannau dyfnaf ein calon ni.

Rwy'n cofio sefyll ar rewlif ar ben llosgfynydd unwaith yng Ngwlad yr Iâ. Dyma holi'r tywysydd, "os bydd i'r llosgfynydd yma chwythu, faint o amser gymer hi i'r iâ doddi?" I fod yn onest, holi oeddwn, "pa mor hir sydd gennym i redeg!?" Yn ei ateb dywedodd, er y byddem yn teimlo symudiad o dan ein traed bron yn syth, byddai'n cymryd rhai oriau i lafa'r llosgfynydd godi i'r wyneb. Wedi cymryd ochenaid o ryddhad, dyma feddwl fod hwn yn aml yn ddarlun o gyflwr ein calonnau. Yr ydym yn byw fel petai mewn byd o aeaf ysbrydol. Mae yna haen o rew dros ein calonnau, haen a grëwyd gan siom a phoen. Ond mae yna dân, mae yna ddyhead am Dduw. Caniatewch i'r broses o ffrwydro gychwyn heddiw. Caniatewch i'r iâ doddi. Caniatewch i'r pethau sydd yn y dyfnder alw allan.

**SELA:** cymerwch eiliad i dywallt eich calon o flaen Duw. Beth yw'r lleisiau sy'n eich cynhyrfu? Pa amgylchiadau sy'n eich tristau? Yna, cymerwch amser i atgoffa eich hunain o bresenoldeb Duw yn eich bywyd. Gofynnwch i'r Ysbryd Glân i'ch atgoffa lle mae Duw wedi bod ar waith yn eich bywyd dros yr wythnos ddiwethaf. Gwnewch ymrwymiad mewn gweddi, "am hynny y cofiaf di".

**DARLLENWCH Salm 42:8-11 yn araf ac ar lafar**

> Liw dydd y mae'r ARGLWYDD yn gorchymyn ei ffyddlondeb,
> a liw nos y mae ei gân gyda mi,
> gweddi ar Dduw fy mywyd.
> Dywedaf wrth Dduw, fy nghraig,
> "Pam yr anghofiaist fi?

> Pam y rhodiaf mewn galar,
> wedi fy ngorthrymu gan y gelyn?"
> Fel pe'n dryllio fy esgyrn,
> y mae fy ngelynion yn fy ngwawdio,
> ac yn dweud wrthyf trwy'r dydd,
> "Ple mae dy Dduw?"
> Mor ddarostyngedig wyt, fy enaid,
> ac mor gythryblus o'm mewn!
> Disgwyliaf wrth Dduw; oherwydd eto moliannaf ef,
> fy Ngwaredydd a'm Duw.

Wrth i'r Salm gloi, mae gwawd y gelyn yn parhau i amgylchynu'r Salmydd (10). Nid ateb rhwydd a sydyn i'n problemau yw gweddi. Ond wrth gloi'r Salm, cawn benderfyniad clir a di-sigl. Mae'n adnabod Duw fel "fy nghraig" (9). Daeth yn fwyfwy ymwybodol o gariad Duw drwy'r dydd ac i mewn i'r nos (8). Ond, yn fwy na dim, mae ganddo hyder i lefaru gobaith i'w enaid ei hun. Priodol yw ystyried gweddi'n gyntaf fel ni yn siarad â Duw. Ond, cawn ein dysgu gan y Salmydd i siarad â ni ein hunain hefyd! Rhydd gweddi'r cyfle inni bregethu'r Efengyl i'n heneidiau blinedig.

Wrth inni ystyried cyflwr ein tir, mae hen ddigon o resymau dros anobaith. Daw lleisiau o bob cyfeiriad yn holi, "Ple mae dy Dduw?" Ond mae Duw yn ein galw i fod yn bobl gobaith. Pam? Am fod gennym "Waredydd". Os bydd i'n henaid fod yn ddarostyngedig a chythryblus medrwn "gadw ein golwg ar Iesu, awdur a pherffeithydd ffydd" (Hebreaid 12:2). Gwybu Iesu i'r dim beth mae'n ei olygu i suddo i ddyfnder anobaith. Mae'n gwybod hefyd realiti gwawd a dirmyg pobl. Drylliwyd ei esgyrn wrth ddioddef angau ar y groes dros ein pechodau. Ond, gorchfygodd. Mewn gweddi byddwn yn hawlio buddugoliaeth ei atgyfodiad, fel y medrwn weddïo am weld sylweddoli buddugoliaeth ei atgyfodiad dros dir sy'n gorwedd fel adfail, dros dir a orchfygwyd.

**SELA:** cymerwch eiliad i dderbyn gobaith newydd o law Duw. Wrth agor ein calon mewn gweddi onest, yr ydym yn rhoi cyfle iddo "orchymyn ei ffyddlondeb" tuag atom. Yna, cymerwch amser i gyhoeddi'r Efengyl i'ch enaid eich hun. Datganwch rym enw Iesu dros bob gwarth ac ofn a deimlwch yn awr.

## Salm 44

# GWEDDÏO DROS DDIWYGIAD CENEDLAETHOL

Efallai, o glywed y newyddion rhyngwladol am ryfeloedd, pandemig, anghyfiawnder, a byddwch yn holi ble mae Duw yn y cyfan? Efallai eich bod yn wynebu anawsterau personol, ac er eich bod wedi galw ar Dduw, eto, mae'n ymddangos fel bod tawelwch Duw yn fyddarol. Efallai eich bod yn edrych ar gyflwr yr eglwys ac achos yr Efengyl yn y tir, a braidd yn methu dod i unrhyw ganlyniad mwy na bod Duw wedi ein hanghofio.

Mae'r sylw olaf yn arbennig o berthnasol gan ein bod yn ystyried y cwestiwn o sut mae gweddïo am ddiwygiad yng Nghymru. Bydd braidd pob un ohonom sy'n gyfarwydd â'n hanes ysbrydol wedi clywed am gapeli oedd yn llawn, mawl yn cael ei ganu yn uchel dros y wlad, tröedigaethau gwyrthiol, a chymunedau lle'r oedd enw Iesu yn cael ei arddel a'i drysori. Ond beth sydd i weld bellach? Capeli gwag, credinwyr ofnus, ychydig iawn o dröedigaethau, a chymunedau lle mae enw Iesu yn ddim mwy na rheg ar wefusau pobl ar y gorau, ac yn enw anadnabyddus ar ei waethaf. Onid oes yna deimlad fod Duw wedi cilio? Braidd fel ei fod yn bell - yn cysgu?

Os yw rhywbeth o'r sylwadau uchod yn canu cloch i chi, Salm 44 yw'r weddi ar eich cyfer. Wrth gloi'r Salm mae Meibion Cora yn gweiddi, "Ymysgwyd! Pam y cysgi, O Arglwydd?". Mae hyn yn swnio braidd yn amharchus o'i glywed am y tro cyntaf - yr ydym yn gwybod er enghraifft nad yw Duw byth yn cysgu (Salm 121:3-4). Oedd yr offeiriaid hyn wedi cefnu ar eu ffydd oherwydd eu hanawsterau? Does dim ymhellach o fod yn wir. Eu ffydd yng nghariad Duw sy'n esgor ar y weddi daer yma. Cawn ein dysgu nad yw ffydd Feiblaidd go iawn yn ffydd sy'n ddi-hid o'r dirywiad ysbrydol sy'n ein hamgylchynu. Mae ffydd Feiblaidd go iawn yn galw ar Dduw am fwy. Cawn esiampl eofn yma o'r modd y dylem weddïo am ddeffroad newydd yn ein dydd ni. Yr ydym mewn angen dybryd am y fath ddydd. Tebyg fod hyfdra eu hiaith yn anghyfarwydd i lawer ohonom, gan fod ein gweddïau ni yn aml yn esiamplau perffaith o gwrteisi. Ond, gadewch inni ganiatáu i'r Meistri Gweddi agor ein calonnau a'n symud i eiriol yn angerddol. Wedi'r cyfan, efallai mai ni sy'n cysgu!

**DARLLENWCH Salm 44:1 yn araf ac yn llafar**

> O Dduw, clywsom â'n clustiau,
> dywedodd ein hynafiaid wrthym
> am y gwaith a wnaethost yn eu dyddiau hwy,
> yn y dyddiau gynt â'th law dy hun.

Mae cofio'r hyn a wnaeth Duw yn y gorffennol yn danwydd i'n gweddïau am weld gwaith Duw yn ein presennol. Nid amgueddfa yw hanes gwaith Duw. Fe ddylai fod yn danwydd. Nid pwrpas ymweld â'r gorffennol yw syllu yn unig. Yr ydym yn ail-ymweld er mwyn procio tân ein sêl dros ei waith heddiw.

Os yw hyn yn wir, yna coedwig llawn tanwydd yw hanes gwaith Duw yng Nghymru. Ond, pa mor aml tybed fyddwn ni yn ymweld â'r goedwig yma? Pa mor aml fyddwn ni yn agor ein dychymyg i weithgarwch rhyfeddol Duw, yn y wlad yma, yn y gorffennol? Medrwn grwydro drwy'r hyn y mae Duw wedi ei wneud yng Nghymru drwy gofio gwyrthiau'r seintiau Celtaidd, diwygiadau Griffith Jones, defosiwn y Methodistiaid Calfinaidd, dewrder y Symudiad Ymosodol, y lluoedd o ddychweledigion yn ystod diwygiad 1904-05. (Os nad oes yr un o'r rhain yn golygu dim i chwi, ewch i ddarllen amdanynt!) Mae storïau fel hyn yn codi archwaeth ysbrydol ynom am fwy o rym Duw yn ein dyddiau ni. Does dim amheuaeth fod Duw am wneud gwaith newydd yn ein cenhedlaeth. Ond, mae ei waith newydd bob amser ar batrwm ei weithgarwch ym mhob cenhedlaeth. Gadewch inni felly ymweld â'r ffyrdd hynny wrth inni fyfyrio heddiw.

**SELA:** cymerwch eiliad i fyfyrio ar unrhyw hanesion o'r Ysgrythur, neu o hanes yr eglwys ddaw i'r cof. Ymlonyddwch am eiliad, gan ofyn i'r Ysbryd Glân i alw i'ch cof hanes ysbrydoledig fydd yn danwydd i'ch gweddi heddiw.

DARLLENWCH Salm 42:2-8 yn araf ac yn llafar

> Gyrraist genhedloedd allan,
> ond eu plannu hwy;
> difethaist bobloedd,
> ond eu llwyddo hwy;
> oherwydd nid â'u cleddyf y cawsant y tir,
> ac nid â'u braich y cawsant fuddugoliaeth,
> ond trwy dy ddeheulaw a'th fraich di,
> a llewyrch dy wyneb, am dy fod yn eu hoffi.
> Ti yw fy Mrenin a'm Duw,
> ti sy'n rhoi buddugoliaeth i Jacob.
> Trwot ti y darostyngwn ein gelynion,
> trwy dy enw y sathrwn ein gwrthwynebwyr.
> Oherwydd nid yn fy mwa yr ymddiriedaf,
> ac nid fy nghleddyf a'm gwareda.
> Ond ti a'n gwaredodd rhag ein gelynion
> a chywilyddio'r rhai sy'n ein casáu.
> Yn Nuw yr ydym erioed wedi ymffrostio,
> a chlodforwn dy enw am byth.

Mae'r adnodau hyn yn adrodd am fuddugoliaethau pobl Dduw yn y gorffennol. Yng nghyd-destun Israel, tystiant i fuddugoliaethau milwrol. Yr ochr hyn i'r Cyfamod Newydd, yr ydym yn gwybod fod Iesu yn gorchymyn i ni "carwch eich gelynion, a gweddïwch dros y rhai sy'n eich erlid"(Mathew 5:44). Ni fyddwn yn defnyddio geiriau fel Salm 44 bellach i weddïo am fuddugoliaethau milwrol, gan ein bod yn cael ein galw i fod yn "dangnefeddwyr" (Mathew 5:9). Wedi dweud hynny, yr ydym yn wynebu brwydr wahanol - brwydr sy'n ysbrydol o ran ei natur (Effesiaid 6:10-13). Mae'r Diafol, gelyn Duw, yn brysur yn amharu ar bwrpas Duw. Yr ydym yn hiraethu am weld cwymp ei gynlluniau a buddugoliaeth bywyd Iesu yn ein tir ac yn ein cymunedau (Ioan 10:10). Yr ydym angen gweld pobl Dduw yn gwthio yn erbyn tywyllwch teyrnasiad y Diafol, gan sefydlu Shalom teyrnasiad Duw.

Ond, sylwch mai Duw sy'n gwneud yr holl waith gyda golwg ar fuddugoliaeth pobl Dduw yn y Salm hon. Eiddo'r Arglwydd y frwydr. O bryd i'w gilydd, wrth wynebu ar ryw sialens, cawn ein temtio i ddod a'n holl adnoddau personol i mewn i'r frwydr er mwyn cyfarfod â'r angen. Ond, her Salm 44 yw peidio ymddiried yn "fy nghleddyf" (6). Dim ond Duw ei hun sy'n abl i gyfrannu'r deffroad yr ydym ei angen yn ddybryd. Dim ond trwy nerth Duw y gwelwn gynllwynion y Diafol yn cael eu drysu yn ein dydd. Os na ddaw Duw i'r frwydr, does dim gobaith inni!

**SELA:** cymerwch eiliad i roi eich adnoddau chi i lawr wrth draed yr Arglwydd. Edifarhewch am yr adegau hynny lle'r oeddech yn gobeithio llwyddo yn eich nerth eich hun.

**DARLLENWCH Salm 44:9-22 yn araf ac yn llafar**

Ond yr wyt wedi'n gwrthod a'n darostwng,
ac nid ei allan mwyach gyda'n byddinoedd.
Gwnei inni gilio o flaen y gelyn,
a chymerodd y rhai sy'n ein casáu yr ysbail.
Gwnaethost ni fel defaid i'w lladd,
a'n gwasgaru ymysg y cenhedloedd.

Gwerthaist dy bobl am y nesaf peth i ddim,
ac ni chefaist elw o'r gwerthiant.
Gwnaethost ni'n warth i'n cymdogion,
yn destun gwawd a dirmyg i'r rhai o'n hamgylch.
Gwnaethost ni'n ddihareb ymysg y cenhedloedd,
ac y mae'r bobloedd yn ysgwyd eu pennau o'n plegid.
Y mae fy ngwarth yn fy wynebu beunydd,
ac yr wyf wedi fy ngorchuddio â chywilydd
o achos llais y rhai sy'n fy ngwawdio a'm difrïo,
ac oherwydd y gelyn a'r dialydd.
Daeth hyn i gyd arnom, a ninnau heb dy anghofio
na bod yn anffyddlon i'th gyfamod.
Ni throdd ein calon oddi wrthyt,
ac ni chamodd ein traed o'th lwybrau,
i beri iti ein hysigo yn nhrigfa'r siacal
a'n gorchuddio â thywyllwch dudew.
Pe baem wedi anghofio enw ein Duw
ac estyn ein dwylo at dduw estron,
oni fyddai Duw wedi canfod hyn?
Oherwydd gŵyr ef gyfrinachau'r galon.
Ond er dy fwyn di fe'n lleddir drwy'r dydd,
a'n trin fel defaid i'w lladd.

Wedi adrodd am waith Duw yn y gorffennol, mae'r Salmydd yn mynd yn ei flaen i alaru am realiti'r presennol. Gwarth, cywilydd, gwawd a sarhad. Mae'r rhain yn eiriau gellid yn aml eu defnyddio fel disgrifiad o'r hyn y mae Cristnogion yn ei deimlo heddiw. Gyda'r eglwys ar drai, cymdeithas wedi torri, anwybyddir ffyrdd Duw gan fwyafrif y boblogaeth. A yw hyn yn achos galar? Os byddwn yn onest, bydd llawer ohonom yn gweithio'n galed i geisio anghofio'r gwir anesmwyth yma am gyflwr go iawn ein cenedl. Ond, byddwn fyth yn gweddïo fel y dylem os gwnawn hynny fel rhai sy'n ddall i'r realiti yma.

Os rhywbeth, mae cyflwr y tir yn waeth oherwydd argyhoeddiad y Salmydd fod yna weddill ffyddlon sy'n ceisio byw er gogoniant Duw (17-22). Yn hynny, mae gweddi yn gyfle i brosesu yn onest ein dryswch gyda ffyrdd Duw. Byddwn yn teimlo o bryd i'w gilydd fod yr eglwys yn gwneud ei gorau, ac eto, ychydig iawn o ennill tir sydd i'w weld. Ond, yn adnod 22 cawn ein hatgoffa'n hyderus fod ufudd-dod aberthol yn dwyn ffrwyth. Tebyg na all yr un ohonom hawlio fod adnodau 17-18 yn adnodau sy'n mynegi'n union pwy ydym ni. Ond mae yna un sy'n medru eu hadrodd yn berffaith ddidwyll. Iesu, y Dyn dieuog perffaith, un wnaeth erioed gamu o lwybrau Duw, ond un arweiniwyd er hynny, fel dafad i'r lladdfa. Yn y methiant ymddangosiadol ar Galfaria, yr oedd Duw yn sylweddoli ei fuddugoliaeth fwyaf.

***SELA:*** cymerwch eiliad i alaru am gyflwr yr eglwys yn ein gwlad. Ymlonyddwch nes y byddwch yn ymwybodol fod yr Ysbryd Glân yn rhoi baich ar eich calon am bobl a sefyllfaoedd penodol.

**DARLLENWCH Salm 44:23-26 yn araf ac ar lafar**

> Ymysgwyd! Pam y cysgi, O Arglwydd?
> Deffro! Paid â'n gwrthod am byth.
> Pam yr wyt yn cuddio dy wyneb
> ac yn anghofio'n hadfyd a'n gorthrwm?
> Y mae ein henaid yn ymostwng i'r llwch,
> a'n cyrff yn wastad â'r ddaear.
> Cyfod i'n cynorthwyo.
> Gwareda ni er mwyn dy ffyddlondeb.

Mae Salm 44 yn cloi gyda galwad angerddol am ddeffroad. Yn aml byddwn yn meddwl am ddeffroad fel cyfnod lle y daw'r eglwys yn ymwybodol o'r newydd o fywyd yr Efengyl. Ond, cawn ein hatgoffa gan y Salm mae rhan o'n cyfrifoldeb yw i alw ar Dduw ei hun symud mewn ffordd newydd a rhyfeddol. Sut y gall y Salmydd weddïo gyda'r fath hyfdra? Daw'r ateb ar y diwedd, "Gwareda ni er mwyn dy ffyddlondeb." (26)

Mae ein gobaith am ddiwygiad wedi ei seilio yng nghariad di-ball Duw. Datguddir y cariad hwn yn llawn ym mherson yr Arglwydd Iesu Grist. Y mae Iesu wedi addo adeiladu ei eglwys (Mathew 16). Mae wedi addo rhoi'r Ysbryd Glân i'r rhai sy'n gofyn (Luc 11). Mae wedi addo casglu'r cenhedloedd i'w deyrnas (Datguddiad 7). Yn y bôn, y cyfan a wnawn mewn gweddi yw pledio addewidion Duw yn ôl Iddo. Yr ydym yn dal ar yr hyn y mae Duw wedi ei ddweud ac yn galw arno i fod yn ffyddlon i'w air. Dyma un o'r rhesymau dros y grym sy'n perthyn i weddïo'r Salmau hyn. Yn Salm 44 cawn ddarlun clir o'r hyn sydd yng nghalon Duw. Wrth inni weddïo'r Salmau, yr ydym fel petai yn mynd mewn i galon Duw, gan sianeli'r hyn sydd yno tuag at ein tir.

*SELA:* cymerwch eiliad i bledio ar i Dduw gofio ei addewidion. Casglwch amryw o'r addewidion yma yn eich cof gan eu troi yn ôl fel eiriolaeth o flaen Duw.

# *Salm 45*
# GWEDDÏO DROS ADFER PRYDFERTHWCH

Beth yw diwygiad? Am beth fyddwn ni yn gweddïo wrth weddïo am ddiwygiad? Beth yw nod ein gweithgarwch wrth inni geisio byw ein bywyd mewn ffordd sy'n troi o amgylch y disgwyliad yma? Beth a olygwn wrth ddefnyddio gair sy'n aml yn cael ei gam-ddeall, ond gair sy'n crynhoi ein gobeithion ac yn cyfeirio ein dyheadau?

Mae'n rhwydd drysu ein syniad am ddiwygiad gyda meddyliau am emosiynau ar dân, amlygiadau corfforol anghyffredin a dathliadau dwys. Yn aml, mae'n cynnwys y pethau yma. Ond mae diwygiad yn llawer iawn mwy na'r disgrifiadau hyn. Ymhle felly y cawn hyd i ddiffiniad? Mae digon o bobl wedi rhoi diffiniadau clir ac amlwg o ddiwygiad.[8] Ond, yr wyf am fynd i le sy'n ymddangos yn le mwy annhebygol er mwyn cael diffiniad. Yr wyf am fynd i gân serch yn yr Ysgrythurau Iddewig, i Salm 45.

---

8 Mae fy ffefryn personol yn dod o'r Awakening Library a gellir ei weld yma - https://awakeninglibrary.com/core-learning/what-is-awakening/

Yn union wedi'r gri ar i Dduw symud yn Salm 44, down at Salm 45. Ar yr olwg gyntaf efallai fod hwn yn ymddangos yn symudiad sydyn ac annisgwyl. Anaml y mae galar cenedlaethol yn mynd ochr yn ochr â chaneuon serch. Mae'n debyg yr ysgrifennwyd Salm 45 ar gyfer dydd priodas un o'r brenhinoedd yn llinach Dafydd, a'i briodferch. Fel gyda gweddill y Salmau, mae gosod y Salm hon yn union wedi'r gri ingol yn Salm 44 - "Cyfod i'n cynorthwyo" yn ymddangos yn fwriadol. Pan oedd y bobl yn gorwedd mewn tywyllwch a methiant, beth tybed oedd eu gobaith pennaf? Dim llai na gorseddu'r Brenin yr oedd Duw wedi ei ddewis. Dyma fyddai'n adfer bendith i'r bobl. Mae'r diwygiad sydd ei angen arnom yn ymwneud ag ymweliad y Brenin a'i Deyrnas yn ein plith.

Tebyg fod priodasau teuluoedd brenhinol yn parhau i ddal rhyw hud rhyfedd yng ngolwg pobl, ac yn gwneud hynny mewn ffordd sydd braidd yn unigryw. Ond, wrth i'r awdur yma ddisgrifio seremoni priodas frenhinol y brenin a'i briodferch, mae'r Ysbryd yn ei alluogi i weld y tu hwnt i'r briodas i briodas y gwir Dafydd, yr Arglwydd Iesu. Dyma'r Brenin y mae Duw wedi ei orseddu i ddod ag adferiad cyflawn inni. Dyma'r Brenin ddaeth i ennill priodferch - pobl o bob cenedl, y rhai sydd wedi eu gwared (o ddefnyddio geirfa Salm 44), i fyw yn ei bresenoldeb iachusol am byth. Wrth greu y darlun, mae Salm 45 yn rhoi diffiniad cryf iawn inni o'r hyn yw diwygiad. Beth fyddwn yn ei geisio wrth weddïo a gweithio i weld diwygiad? Beth fyddwn yn dyheu amdano wrth inni alw yng ngeiriau olaf Salm 44? Yn ôl Salm 45, calon diwygiad yw ail-ddarganfod prydferthwch Iesu, ac ail-ddarganfyddiad o brydferthwch ei Eglwys. Dyna'r hyn a geisiwn - ail-ddarganfod prydferthwch ein Brenin, ac adferiad o brydferthwch Ei bobl fel pobl Dduw. Gadewch inni gerdded drwy Salm 45 a gweld sut y mae'r weledigaeth yma o ddiwygiad yn cael ei datgelu, a'r modd y mae'n ein gwahodd i weddïo'r geiriau hyn i sylweddoli'r ddau ddiben.

**DARLLEN Salm 45:1-10a yn araf ac yn llafar**

> Symbylwyd fy nghalon gan neges dda;
> adroddaf fy nghân am y brenin;
> y mae fy nhafod fel pin ysgrifennydd buan.

Yr wyt yn decach na phawb;
tywalltwyd gras ar dy wefusau
am i Dduw dy fendithio am byth.
Gwisg dy gleddyf ar dy glun, O ryfelwr;
â mawredd a gogoniant addurna dy forddwyd.
Marchoga o blaid gwirionedd, ac o achos cyfiawnder,
a bydded i'th ddeheulaw ddysgu iti bethau ofnadwy.
Y mae dy saethau'n llym yng nghalon gelynion y
brenin;
syrth pobloedd odanat.
Y mae dy orsedd fel gorsedd Duw, yn dragwyddol,
a'th deyrnwialen yn wialen cyfiawnder.
Ceraist gyfiawnder a chasáu drygioni;
am hynny bu i Dduw, dy Dduw di, dy eneinio
ag olew llawenydd uwchlaw dy gyfoedion.
Y mae dy ddillad i gyd yn fyrr, aloes a chasia,
ac offerynnau llinynnol o balasau ifori yn dy ddifyrru.
Y mae tywysogesau ymhlith merched dy lys;
saif y frenhines ar dy ddeheulaw, mewn aur Offir.
Gwrando di, ferch, rho sylw a gogwydda dy glust:

Mae'r Salmydd wedi ei symbylu, neu ei ysbrydoli (1). Cawn awgrym yma o rywun sy'n sefyll wyneb yn wyneb â golygfa ryfeddol, ac yn methu tewi. Rwy'n cofio'n iawn y tro cyntaf imi weld Goleuadau'r Gogledd a hynny yn ystod gwyliau yng Ngwlad yr Iâ. Wrth imi orwedd ar yr eira yn syllu, rwy'n cofio cael y teimlad o rywun yn cael ei dynnu i ddau gyfeiriad. Ar y naill law yr oedd popeth ynof am aros yn edrych gweddill fy nyddiau gan wneud yn fawr o'r olygfa fendigedig. Ar y llaw arall yr oedd popeth ynof am fynd i ddweud wrth unrhyw un oedd wedi methu'r olygfa, "mae yma! Dewch i weld!" O weld prydferthwch rhyfeddol mi fydd yr ymateb yma yn weddol gyffredin. Byddwn yn cael ein dal a'n danfon braidd yn yr un foment. Yr ydym am fwynhau a dweud. Dyma'r hyn sy'n digwydd ym mhrofiad y Salmydd yn yr adnodau hyn. Ond, beth mae'n ei weld? Beth sydd wedi meddiannu ei olwg? Nid rhaeadr ryfeddol, nid hyd yn oed

Oleuadau'r Gogledd. Yr olygfa o'i flaen sy'n llenwi ei galon yw golwg ar Frenin o linach Dafydd.

Beth felly sydd mor afaelgar am y Dyn yma? Pam ei ddisgrifio fel yr un sy'n *"decach na phawb"*? Fel y profiad o weld Goleuadau'r Gogledd, mae'r cyfarfyddiad yma â'r Brenin yn un sy'n gorlwytho'r synhwyrau.

- *Mae'n ei glywed yn llefaru geiriau gras* (2) - lle'r roedd brenhinoedd yn y byd cyntefig yn aml yn greulon a garw, dyma un sy'n siarad gydag addfwynder a charedigrwydd nefol.

- *Mae'n ei weld wedi ei wisgo â mawredd a gogoniant* (3) - yr oedd brenhinoedd y cyfnod yn aml yn rhyw rai oedd wedi ymwthio i'r rôl, gan gymryd arnynt ryw ffug awdurdod a grym. Ond, yn y Brenin yma fe welwn wir nerth sy'n ei wneud yn gwbl addas i'w alwad i deyrnasu. Nid brenin sy'n gorfod brwydro am ei le yw Hwn, yn hytrach, dyma'r "rhyfelwr" sy'n gryf o ran natur.

- *Mae'n ei weld yn marchogaeth o blaid gwirionedd a chyfiawnder* (4-6) - yr oedd brenhinoedd y cyfnod yn aml yn adeiladu eu buddugoliaethau ar sail cymhellion hunanol, ond mae'r Brenin yma yn sefyll dros wirionedd (tryloywder), gostyngeiddrwydd (gwasanaethu eraill), a chyfiawnder (gan wneud y cam yn union, yn enwedig yn achos y tlawd).

- *Mae'n darganfod Ei fod yn gwbl gymwys* (7) - roedd cynifer o frenhinoedd Israel yn anghymwys gan eu bod yn caru drygioni. Ond, mae'r Brenin hwn yn caru gwneud yr hyn sy'n iawn bob amser.

- *Mae'n ei brofi fel un sy'n llawn gorfoledd* (7-8) - mae hanfod barddonol y Salmau yn canoli ar y syniad fod y Brenin yma wedi ei eneinio. Yr oedd olew yn aml yn cael ei dywallt ar ben y brenin adeg eu coroni, a hynny i arwyddo eu bod yn meddu bywyd dwyfol. Mae'r Brenin yma yn cael ei eneinio a math arbennig o olew, "olew llawenydd". Dyma'r Brenin sy'n cludo llawenydd y nefoedd. Dyma Frenin llawen, yn cael ei amgylchynu â cherddoriaeth a dathlu.

Yn llefaru'n rasol, yn meddu cryfder cyneddfol, yn diogelu cyfiawnder, yn gwbl gymwys, yn chwerthin wrth arwain? Onid yw hwn yn Arweinydd i ryfeddu ato? Onid hwn yw'r Brenin y byddem ni am ei ddilyn?

Onid darlun o'r Arglwydd Iesu Grist sydd yma?

Pa Frenin arall welwyd erioed lle y mae yn gwbl amlwg ei fod wedi ei fendithio a'i eneinio gan Dduw (3, cf Mathew 3:13-17)? Pa Frenin arall sydd yn un â Duw ei hun (6, cf Hebreaid 1:8-9)? Un o brif themâu'r Salmau yw uno gorsedd Dafydd â gorsedd Duw ei hun. Mae'r Salm hon yn rhagweld y dydd pryd y bydd y ddwy orsedd yn dod yn gyfan gwbl yn un. I'r darllenwyr gwreiddiol, tebyg y byddai hyn yn ymddangos fel achos o gymryd mantais farddonol eithafol! Ond, yn Iesu, mae'r dydd wedi dod. Iesu, y Brenin sy'n addfwyn a gostyngedig (Mathew 11:29); Iesu, y Brenin oedd yn arddangos ei nerth (Marc 4:41); Iesu, a frwydrodd dros gyfiawnder (Mathew 12:18-21); Iesu, na wnaeth gam erioed (Luc 23:4); Iesu, sy'n chwerthin wrth arwain (Mathew 11:19).

Felly, fel y dywed rhan gyntaf adnod 10, "gwrnado di ... gogwydda dy glust" Iddo. Paid caniatáu i'w ogoniant fynd heibio iti. Saf mewn rhyfeddod o flaen dy Frenin. Mae ei brydferthwch yn anghymharol.

Pan fyddwn yn gweddïo am ddiwygiad byddwn yn gweddïo am brofi ein llygaid yn cael eu hagor i, a'n calon yn cael ei dal gan brydferthwch yr Arglwydd Iesu, ein Brenin. Yr ydym yn gweddïo y bydd yr eglwys yn syrthio mewn cariad â Mab Duw unwaith eto. Yr ydym yn dyheu am gael ein symbylu, fel y rhai sy'n gorwedd yn yr eira yn gwylio Goleuadau'r Gogledd, yn gorwedd gan ddyheu am gip ar ein Brenin.

*SELA:* cymerwch ychydig amser i weddïo geiriau Effesiaid 1:17-18, gan weddïo y bydd Duw yn rhoi "i chwi, yn eich adnabyddiaeth ohono ef, yr Ysbryd sy'n rhoi doethineb a datguddiad. Bydded iddo oleuo llygaid eich deall, a'ch dwyn i wybod [Ei obaith, gogoniant a grym]". Gweddïwch y bydd eich eglwys yn cael ei deffro i weld prydferthwch Crist, ac yn cael ei symbylu i rannu Ei brydferthwch â phawb.

### DARLLENWCH Salm 45:10b - 17 yn araf ac yn llafar

anghofia dy bobl dy hun a thŷ dy dad;
yna bydd y brenin yn chwenychu dy brydferthwch,
oherwydd ef yw dy arglwydd.

Ymostwng iddo ag anrhegion, O ferch Tyrus,
a bydd cyfoethogion y bobl yn ceisio dy ffafr.
Cwbl ogoneddus yw merch y brenin,
cwrel wedi ei osod mewn aur sydd ar ei gwisg,
ac mewn brodwaith yr arweinir hi at y brenin;
Ar ei hôl daw ei chyfeillesau, y morynion;
dônt atat yn llawen a hapus,
dônt i mewn i balas y brenin.
Yn lle dy dadau daw dy feibion,
a gwnei hwy'n dywysogion dros yr holl ddaear.
Mynegaf dy glod dros y cenedlaethau,
nes bod pobl yn dy ganmol hyd byth.

Yr ydym yn symud i olygfa newydd yn awr. Nid yw'n ddigon bellach i'r Brenin amlygu ac arddangos ei ogoniant a'i rym. Daeth i ennill ei briodferch. Mae Salm 45 braidd yn ddarlun theatrig o'r Efengyl - y Brenin sydd wedi ei addo, yr un perffaith yn gadael uchelder nefoedd oherwydd ei fod yn dyheu am adfer perthynas o gariad â dynoliaeth bechadurus. Dyma'r stori yr ydym ni yn rhan ohoni: "Carodd Crist yr eglwys a'i roi ei hun drosti ... er mwyn iddo ef ei hun ei chyflwyno iddo'i hun yn ei llawn ogoniant" (Effesiaid 5:25 a 27). Nid dim ond newyddion da am faddeuant inni yw'r Efengyl. Y newyddion da yw y medrwn dderbyn maddeuant a chael ein hadfer; ein hadfer i rannu prydferthwch Crist wrth inni fyw bywydau sy'n adlewyrchu Iesu. Yn addfwyn fel y mae ef yn addfwyn, yn rymus yn ei rym, yn gyfiawn fel y mae ef yn gyfiawn, wedi ein cyfiawnhau yn ei gyfiawnder, yn cael ein harwain yn "llawen a hapus" (15).

Dyma'r bwriad ar gyfer yr eglwys ar draws tir Cymru; i lewyrchu prydferthwch Crist. Diwygiad yw'r gair a ddefnyddiwn i ddisgrifio disgleirdeb pobl Dduw wrth inni fod yn gyfryngau i ganiatáu i lewyrch goleuni a bywyd Iesu ddisgleirio drwom. Y cwestiwn felly yw, sut? Sut mae bod yn llewyrch prydferthwch y Brenin? Mae ateb Salm 45 yn glir; "anghofia dy bobl dy hun a thŷ dy dad; yna bydd y brenin yn chwenychu dy brydferthwch, oherwydd ef yw dy arglwydd." Yn union fel yn achos priodasau yn y cyfnod hwn, byddai merch oedd ar fin dod yn frenhines yn ymadael â'i theulu er mwyn meddiannu ei hunaniaeth newydd, felly mae Crist yn ein galw i gyfnewid ein hen fywyd i feddiannu ein bywyd newydd ynddo Ef. Mae'n alwad i ildio popeth (Mathew 4:21-22). Y bywyd sydd wedi ei ildio'n llwyr yw'r bywyd sy'n caniatáu i fywyd Iesu ddisgleirio drwom. Wrth ildio popeth mewn cariad ac ymddiriedaeth i'r Gwaredwr, yr ydym yn tystio i'r byd fod Crist yn ddibynadwy a gwerthfawr. Ein hufudd-dod yw sail y disgleirio (Datguddiad 19:8), a chanlyniad i'r datguddiad o harddwch Iesu yw'r ufudd-dod hyn (2 Corinthiaid 3:18, Rhufeiniaid 12:1).

Ai ni fydd y bobl fydd yn ymdrechu i sicrhau harddwch yr eglwys yn ein dydd? Nid canlyniad adeiladau gorwych neu brofiadau slic o addoliad fydd hyn. Yn hytrach, bydd yn ganlyniad i ildio parod ac ufudd-dod penderfynol i'r Arglwydd Iesu. Dyhead a gwaith Iesu yw priodferch yng Nghymru sy'n ildio popeth Iddo. A ydym ni yn barod i uno ag ef yn y gwaith a'r dyhead hwn?

Mae'r Salm yn cloi drwy edrych ymlaen at barhad y frenhiniaeth - "tywysogion dros yr holl ddaear", - fydd yn parhau etifeddiaeth y Brenin hwn. Wrth i'r briodferch ddychwelyd at y Priodfab, beth fydd ffrwyth hyn? Mi fydd yna brydferthwch yn awr a had i'r dyfodol. Onid dyma ein dyhead? Yn ein hufudd-dod mae'r angen i arddangos harddwch Crist i'n cenhedlaeth, ond ar yr un pryd, mae'r angen i godi eglwys i'r genhedlaeth nesaf yn y fantol. Un o ganeuon y diwygiad diwethaf yng Nghymru (1904-05) oedd "dyma gariad nad a'n angof". Diolch fod hynny yn wir. Y mae ein cyndadau wedi trosglwyddo harddwch Iesu inni. Dyma ein braint ni yn awr. Nawr yw'r amser i godi mewn hyder, oherwydd y prydferthwch sydd yn Iesu. Nawr yw'r amser i fod yn eglwys sy'n disgleirio - wedi ein meddiannu gan Iesu, ac yn ufudd i'r Iesu. Nawr yw'r amser i rannu ei harddwch â'n cymunedau, ein plant, i bob calon sydd angen clywed am y Brenin yma, ac am ei gariad diddiwedd i bechaduriaid fel chi a fi.

**SELA:** rhowch amser i ystyried yn weddigar beth mae Iesu yn eich galw i ildio'n llwyr iddo heddiw. Sut y medrwn gerdded mewn ufudd-dod? Gweddïwch hefyd y bydd eich eglwys chi yn eglwys fydd wedi ildio, yn eglwys fydd yn gymuned ufudd.

## Salm 46

# GWEDDÏO DROS DDEWRDER Y DEYRNAS

Moses. Joseff. Ruth. Dafydd. Eseia. Esther. Daniel. Nehemeia. Rhestr o arwyr y Beibl. Doedd yr un ohonynt yn berffaith. Eto, gwelodd pob un ohonynt Dduw yn eu defnyddio mewn ffyrdd grymus. Mae ein bywydau wedi eu cyfoethogi mewn cymaint o ffyrdd gan eu hesiampl.

Dewi Sant. Mari Jones. Howell Harris. Seth Joshua. Evan Roberts. Doedd yr un o'r rhain yn berffaith chwaith. Profodd y rhain hefyd Dduw yn eu defnyddio mewn ffordd rymus. Cawn ein hysbrydoli gan yr atgof o'r modd y defnyddiwyd y bobl hyn i adfywio Cymru yn eu dydd.

Beth sy'n gyffredin am yr arwyr hyn o'r Beibl, ac o'n hanes? Dewrder. Os dymunwn weld dydd newydd lle mae'r Efengyl yn mynd rhagddi yn yr eglwysi newydd heddiw, mae yna un peth sy'n annatod, dewrder. Fe fydd ein strategaethau gorau, ein creadigrwydd, yn dod i ddim os ydym yn brin o hyder ac yn ymwrthod â gwneud safiad dros Iesu, gan fentro yn ei enw. Er, mae hyder yn rhywbeth rhwydd iawn i'w edmygu, ond anoddach ei feddu. Yr ydym yn byw mewn byd sy'n gwasgu pob gronyn o hyder ohonom. Byd o drais milwrol, o ansefydlogrwydd economaidd, o gynnwrf gwleidyddol - nid yw'r elfennau hyn yn meithrin hyder yn ein calonnau, i'r gwrthwyneb, pethau sy'n meithrin ofn yw'r rhain. Sut felly y down o hyd i lwybr hyder mewn byd fel hyn? Drwy weddïo amdano. Dyna mae Meibion Cora yn ei wneud yn Salm 46. Fel ninnau, yr oedd y rhain hefyd yn byw mewn byd ansicr, byd o fraw. Yn wir, mae trais milwrol, ansefydlogrwydd economaidd a chynnwrf gwleidyddol yn gefnlen i'r gân hon. Ond, wrth gerdded llwybr gweddi mae'r rhain yn dod o hyd i ffordd o wrthsefyll eu hofnau, ac yn darganfod hyder o fyd arall. Gadewch inni weddïo gyda hwy, a darganfod yr un hyder ar ein cyfer yng Nghymru heddiw.

### DARLLENWCH Salm 46: 1-3 yn araf ac ar lafar

> Y mae Duw yn noddfa ac yn nerth i ni,
> yn gymorth parod mewn cyfyngder.
> Felly, nid ofnwn er i'r ddaear symud
> ac i'r mynyddoedd ddisgyn i ganol y môr,
> er i'r dyfroedd ruo a therfysgu
> ac i'r mynyddoedd ysgwyd gan eu hymchwydd.

Fe fydd ein bywydau yn aml mor wyllt a prysur, ac ar adegau felly fe all gweddi ymddangos fel ymdrech i ddal ein gwynt. Dyma sut y mae'r Salmydd yn cychwyn y Salm hon. Cyn hir byddwn yn cael ein bwrw i olygfeydd o helbul, gyda mynyddoedd yn syrthio, y ddaear yn ildio ei le, dyfroedd yn rhuo - y cyfan yn ddarluniau Beiblaidd o lanast ac anrhefn. Gan wybod mae dyma sydd o'i flaen, mae'r Salmydd yn gosod Duw o fewn y ffrâm. "Y mae Duw yn noddfa ac yn nerth i ni, yn gymorth parod mewn cyfyngder." (1)

Un o'r trosiadau mwyaf cyffredin i ddisgrifio Duw yn y Salmau yw'r darlun yma o "noddfa". Beth sydd yn y gair syml yma sy'n cyfleu'r hyn y mae Duw yn caru bod yn ei berthynas â'i bobl? Yn nyddiau Meibion Cora, yr oedd noddfa yn fwy na lle i gysgodi rhag y tywydd garw. I genhedloedd

oedd yn wynebu perygl cyson oherwydd bygythion milwrol eu gelynion, gelynion oedd yn gryfach na hwy, yr oedd noddfa yn angenrheidiol. Mae noddfa ddiogel a da yn guddfan, gan sicrhau iechyd a diogelwch y rhai oedd ynddi. Dyma'r hyn y mae Duw yn dymuno bod i'w bobl. A dyma ffynhonnell ein hyder.

Noddfa Duw yw ein sefydlogrwydd mewn byd ansefydlog. Pan fyddwn yn gweddïo, yr ydym yn hawlio Duw fel ein Duw ni. Byddwn yn dod â'n holl helbulon - y mynyddoedd sy'n syrthio, y dyfroedd sy'n rhuo - o'i flaen yr un sy'n addo bod yn gymorth parod yng nghanol y cyfan. Byddwn yn profi ei gymorth parod mewn gweddi. Mewn gweddi, yr ydym yn dianc i mewn i'n Caer. Does ryfedd fod pob sant ofnus wedi profi'r un cytgan i dawelu eu hofnau: "Y mae ARGLWYDD y Lluoedd gyda ni, Duw Jacob yn gaer i ni" (7). Mae'n heglwysi yn wynebu amryw anawsterau yn ein dydd. Yn gynyddol fe'n gwthir i ymylon cymdeithas. Medrwn gyflwyno'r realiti yma mewn gweddi. Ond, medrwn hefyd nesáu yng nghwmni ein Duw anghyfnewidiol gan ei ddwyn ef i mewn i ffrâm cymdeithas sy'n newid yn barhaus. Mae "Duw yn noddfa..." felly nid ofnwn er i gapeli ddymchwel, i elynion ruo, er i gymdeithas symud.

***SELA:*** cymrwch eiliad i godi trafferthion eich byd a'ch cymuned o flaen yr Arglwydd. Gwnewch yr adnodau hyn yn bersonol i'ch amgylchiadau a chyd-destun. Caniatewch i'ch ffydd lefaru tangnefedd i mewn i'r sefyllfaoedd hyn. Caniatewch i'ch ffydd ddatgan heddwch dros eich cymuned.

### DARLLENWCH Salm 46:4-7 yn araf ac yn llafar

> Y mae afon a'i ffrydiau'n llawenhau dinas Duw,
> preswylfa sanctaidd y Goruchaf.
> Y mae Duw yn ei chanol, nid ysgogir hi;
> cynorthwya Duw hi ar doriad dydd.
> Y mae'r cenhedloedd yn terfysgu a'r teyrnasoedd yn gwegian;
> pan gwyd ef ei lais, todda'r ddaear.
> Y mae ARGLWYDD y Lluoedd gyda ni,
> Duw Jacob yn gaer i ni.

Mae'r olygfa yn newid yn sydyn. Cawn ein symud o dir mynyddoedd yn siglo a dŵr yn rhuo, at afon dawel, afon sydd a'i ffrwd yn dwyn llawenydd. Ble mae'r lle yma? Dyma ddinas ein Duw - dyma drigfan yr Hollalluog. Tra bod cymunedau'r ddaear mewn "terfysg, a'r teyrnasoedd yn gwegian", mae heddwch cyflawn ym mhresenoldeb Duw. Yn ei weddïau mae'r Salmydd yn cofio ei fod ar y naill law yn byw fel dinesydd teyrnas sy'n gwegian yma ar y ddaear, mae hefyd yn ddinesydd cymuned dragwyddol Duw. Mewn gweddi daw hyder y Salmydd o bersbectif nefol. Sylwch er hynny mae nid rhywbeth sydd wedi ei leoli yn y dyfodol yn unig yw'r persbectif hwn. Mae cymorth a heddwch presenoldeb Duw ar gael yn awr i'w bobl yng nghanol eu presennol cythryblus (5).

Daw atgof inni yn y fan hyn o eiriau'r Apostol Paul yn Colosiaid; "Felly, os cyfodwyd chwi gyda Christ, ceisiwch y pethau sydd uchod, lle y mae Crist yn eistedd ar ddeheulaw Duw. Rhowch eich bryd ar y pethau sydd uchod, nid ar y pethau sydd ar y ddaear. Oherwydd buoch farw, ac y mae eich bywyd wedi ei guddio gyda Christ yn Nuw" (3:1-3). Cawn y gallu i wynebu realiti ein bywyd ar y ddaear gan yr Arglwydd Iesu (fel y gwelwyd yn Salm 44). Ond mae'n gwneud mwy na hynny. Cawn hefyd olwg ar realiti'r nefoedd. Oherwydd inni gael ein codi i fywyd ysbrydol gan Iesu, cawn hefyd y fraint o roi ein bryd a'n meddwl ar "y pethau sydd uchod". A beth sy'n digwydd yn y nefoedd nawr? Does dim arlliw o derfysg, a theyrnasoedd yn syrthio yno. I'r gwrthwyneb, "y mae Crist yn eistedd ar ddeheulaw Duw". Hyd yn oed os yw ein byd mewn anrhefn ac yn darfod, mae Crist yn parhau ar ei orsedd.

Mae persbectif nefol bob amser yn esgor ar hyder. Ystyriwch yr Apostol Paul, un sy'n disgrifio'r chwip, gwrthodiad a charchariad fel "baich ysgafn o orthrymder" (2 Corinthiaid 4:17). Sut oedd y dyn yn llwyddo i wneud hynny? Oherwydd bod ei lygad wedi eu hoelio, "nid ar y pethau a welir, ond ar y pethau na welir. Dros amser y mae'r pethau a welir, ond y mae'r pethau na welir yn dragwyddol" (2 Corinthiaid 4:18). Yr oedd ei olwg ar ddinas Duw. Trwy weddi, yr ydym mewn cyswllt â byd arall, lle mae Duw yn Frenin, y mae'r cyfan yn dda a phob bwriad tragwyddol yn cael eu sylweddoli. O'r lle hwnnw fe'n dysgir i weddïo, "deled Dy deyrnas ar y ddaear fel yn y nefoedd."

*SELA:* cymrwch eiliad i weddïo y bydd arweinwyr ac arloeswyr yr Efengyl yn ail-ddarganfod persbectif nefol. Gweddïwch y byddant yn cael eu bywhau gan afon Duw.

### DARLLENWCH Salm 46:8-11 yn araf ac yn llafar

Dewch i weld gweithredoedd yr ARGLWYDD,
fel y dygodd ddifrod ar y ddaear;
gwna i ryfeloedd beidio trwy'r holl ddaear,
dryllia'r bwa, tyr y waywffon,
a llosgi'r darian â thân.
Ymlonyddwch, a deallwch mai myfi sydd Dduw,
yn ddyrchafedig ymysg y cenhedloedd,
yn ddyrchafedig ar y ddaear.
Y mae ARGLWYDD y Lluoedd gyda ni,
Duw Jacob yn gaer i ni.

Beth yw dyhead pennaf Duw? I ddwyn dinas Duw i mewn i ddinasoedd, trefi, a phentrefi'r ddaear. Mae hyn yn dod yn berffaith amlwg yng ngweddi Iesu (Mathew 6:10). Rhagweld y weddi hon mae gweddi Meibion Cora. Dyhead Duw yw gweld terfysgoedd y ddaear yn cael eu cyfnewid am heddwch y nefoedd. (9) Ei ddyhead yw gweld y cenhedloedd yn ei arddel yn Frenin. (10) Yn y cyfamser, beth am ein gwaith ni? A ddylem fod yn bobl sy'n rhedeg yma ac acw yn ceisio gorfodi ei frenhiniaeth?

Dim o gwbl, oherwydd mae Salm 46 yn ein hatgoffa mae un o'r prif ffyrdd y byddwn yn partneru â Duw wrth iddo ddwyn ei deyrnas yw trwy ymlonyddu. (10) Wrth weddïo cawn ein gwahodd i gefnu ar weithgarwch anfoddog ac i ymlonyddu, gan wybod mae ef sydd Dduw. Mewn byd cythryblus ac anfoddog, mae gweddi yn weithred rymus a heriol o deyrnas arall. Wrth inni ymlonyddu, mae hyd yn oed ein cyrff yn tystio i'n gobaith yn Nuw yn hytrach nac ynom ein hunain. Bydd y syniad o weddïo am ddiwygiad yn aml yn ennyn darlun o gyfarfodydd llawn a bywiog sy'n llawn pledio ac eiriol. Mae lle pwysig i'r math hyn o weddïo yn ein taith weddi. Ond, mae angen lle hefyd i'r math o ildio ac ymlonyddu sy'n ein hatgoffa fod y byd hwn yn llaw Duw, a bydd yn gwneud popeth yn dda un diwrnod.

Nid wyf yn gwybod pa derfysg sy'n llenwi eich bywyd heddiw. Nid wyf yn gwybod pa anhawster, pa ddryswch sydd ar waith yn eich bywydau. Ond, rwy'n gwybod hyn, mae Duw yn ein gwahodd i ddod i mewn i'r lle yna o lonyddwch, at yr "heddwch sydd uchlaw deall" yn eich gweddïau (Philipiaid 4:5-7). Beth am gymryd eiliad i fynd i mewn i'r llonyddwch yna heddiw? Oni fyddai'n haws i gael ein harfogi i wynebu byd sy'n dadfeilio drwy gymryd amser i ddarganfod ein ffordd ein hunain at lonyddwch? Felly, "ymlonyddwch a deallwch mai myfi sydd Dduw."

**SELA:** cymrwch eiliad i wneud dim mwy nac anadlu ym mhresenoldeb Duw. Ewch i gael hyd i le tawel, lle fydd dim arall yn tynnu eich sylw. Beth am osod larwm o rhwng 3 a 5 munud ar eich ffôn? Anadlwch i mewn yn ddwfn drwy eich trwyn. Wrth anadlu allan drwy eich ceg, beth am sibrwd, 'ymlonydda' a 'Ef sydd Dduw' ar bob anadliad.

## Salm 47

# GWEDDÏO AM DDATHLU GORFOLEDDUS

Adnabyddir Cymru yn aml fel Gwlad y Gân. Dros y blynyddoedd mae diwygiadau wedi bod yn dir ffrwythlon o ran egino caneuon newydd. Mae'r Corau Meibion a'r corau eraill wedi eu gwreiddio fel conglfeini yn niwylliant gwlad sydd wedi profi adnewyddiad ysbrydol dro ar ôl tro. Wrth i'r Efengyl gyffwrdd â bywydau a chymunedau, cododd anthemau o fawl fel ffrwyth gwaith goruwchnaturiol y nefoedd. Ond mae canu nid yn unig yn nodwedd o'n diwylliant Cymreig. Mae canu wedi bod yn arwydd fod Duw ar waith, fod ei bobl yn deffro, fod y colledig yn dod adref. Wrth siarad am ein dyhead am ddiwygiad, yr ydym yn mynegi ein dyhead am ddydd newydd o ganu. Sut y mae'r realiti hwn yn effeithio ar ein gweddïau?

Mae Salm 47 yn un sy'n ein hatgoffa fod y gweddïau hyn wedi eu llunio ar gyfer eu canu. Dyma iaith ein mawl i Dduw. Gwasanaethant fel galwad proffwydol i'n cenedl uno mewn dathliad byd-eang o'r un sydd yn Dduw. Yn fwy na'r cyfan, mae'r geiriau'n ein hatgoffa o'r rhesymau pam fod Duw yn teilyngu mawl. Yr ydym yn byw mewn cenedl sydd wedi colli ei llais am ei bod wedi anghofio Duw. Mae Meibion Cora yn galw arnom i ail-ddarganfod ein galwad i fod yn Wlad y Gân drwy ein hail-gyflwyno i'r Brenin sydd wedi ei ddyrchafu a'i fawrhau, yr un sy'n galw ei bobl annheilwng yn anwyliaid.

Ond, gadewch inni ganiatáu eiliad o onestrwydd. O bryd i'w gilydd nid yw canu yn rhywbeth sy'n teimlo'n naturiol, yn enwedig mewn dyddiau o ddirywiad. Gwell gennym gwyno, neu greu cynlluniau, neu hyd yn oed ddianc i le diogel sy'n arwyddo ein bod am dynnu yn ôl o'r frwydr. Ond, mae rhywbeth proffwydol yn y weithred o ganu. Oherwydd hyn, yr ydym yn darganfod fod y proffwydi'n aml, a hynny mewn dyddiau o ddirywiad, yn ein galw i ganu "cân newydd" (Eseia 42:10). Ceir y fath rym mewn mawl, grym na ellir ei drechu gan resymeg. Mae Walter Bruggeman yn ein hatgoffa o rym proffwydol mawl pan mae'n ysgrifennu:

> Mae'r eglwys wastad yn y lle mwyaf mentrus, beiddgar, rhydd, ac yn fwy parod i feddiannu tir peryglus, wrth iddi ganu cân newydd... Ar adegau fel hyn mae'n canu am y grym sydd yn yr Efengyl, grym na fydd yn caniatáu i'r byd aros fel y mae ... Pan oedd pobl Dduw gynt yn analluog i wneud fawr ddim, doedd dim awgrym o ymdrech i sicrhau rhyw le diogel. I'r gwrthwyneb, dyma ganeuon newydd yn codi, caneuon oedd yn gwrthweithio unrhyw demtasiwn i ganiatáu i addewidion yr Efengyl suddo o dan y tir. Mae'r gân newydd yn brotest. Mae'r gân hefyd yn honiad dewr, yn cyhoeddi fod gan Dduw yr Efengyl gynllun a phwrpas i ail-drefnu'r byd, i sicrhau llesiant ac iechyd.[9]

Felly, p'run ai ydych yn teimlo fel canu cân newydd ai peidio heddiw, gaewch inni ail-ddarganfod ein llais! Gadewch inni weddïo gyda Salm 47, gan ail-ddarganfod ein cân o fawl, gan alw Cymru i uno yng nghân dragwyddol Duw.

### DARLLENWCH Salm 47:1-4 yn araf ac yn llafar

Curwch ddwylo, yr holl bobloedd;
rhowch wrogaeth i Dduw â chaneuon gorfoledd.

---

[9] Walter Brueggemann, *Celebrating Abundance*, Westminster John Knox, 2017

> Oherwydd y mae'r ARGLWYDD, y Goruchaf, yn ofnadwy,
> yn frenin mawr dros yr holl ddaear.
> Fe ddarostwng bobloedd odanom,
> a chenhedloedd o dan ein traed.
> Dewisodd ein hetifeddiaeth i ni,
> balchder Jacob, yr hwn a garodd.

Pryd oedd y tro olaf ichwi dorri allan mewn caneuon o orfoledd? Neu, pryd oedd y tro olaf ichwi fod yng nghwmni rhywun wnaeth hyn? Rwy'n cofio bod yng nghwmni ffrindiau wrth iddynt ddarganfod fod yna efeilliaid ar y ffordd. Dyma sgrech yn codi'n llythrennol. Mae cri o orfoledd yn rhywbeth sy'n llifo'n gynhenid o galon sydd yn gorlifo o lawenydd annisgwyl.

Beth yw'r llawenydd annisgwyl sy'n llenwi calon Meibion Cora yn y fan yma? Y newyddion fod y Brenin sydd dros bopeth wedi achub pobl annheilwng. Mae'r Salmydd yn cychwyn drwy fawrhau mawredd Duw; y Goruchaf, yn ofnadwy, yn frenin mawr dros yr holl ddaear. Dyma sylfaen ein mawl. Yr ydym yn moli Duw oherwydd y rhesymau gwrthrychol sy'n golygu ei fod yn haeddu mawl. Ond wrth gwrs, nid yw hyn yn syndod. Yr hyn sydd yn annisgwyl yw'r adran nesaf, y ffaith fod y Brenin yma wedi dewis pobl fel Jacob (gwrthryfelwyr annheilwng), wedi concro eu gelynion, ac wedi sicrhau etifeddiaeth iddynt. Mae gan y Beibl air ar gyfer y math hwn o waith, gras, daioni anhaeddiannol Duw i bechaduriaid fel ni.

Mae mawl yn ffrwydro o brofi gras. Y rheswm pam fod ein genau a'n calonnau yn fynych yn dawel yw oherwydd ein bod wedi anghofio pa mor radical yw cariad Duw tuag atom. Yr ydym yn crwydro i ffwrdd o ras. Ond, mae Meibion Cora yn ein galw yn ôl, yn ein galw i gadw'n fyw'r rhyfeddod at yr hyn a wnaeth Duw drosom. Pan gofiwn fod Crist wedi marw drosom pan oeddem eto yn bechaduriaid (Rhufeiniaid 5:6), gan goncro ein gelynion, pechod a marwolaeth, ac agor inni'r llwybr i'n hetifeddiaeth o fywyd tragwyddol, yna ni fydd pall ar ein mawl. Dyma pam yr ydym yn moli. A dyma pam y medrwn alw ar Gymru mewn gweddi, "Curwch ddwylo, yr holl bobloedd; rhowch wrogaeth i Dduw â chaneuon gorfoledd." Dewch Gymry, a phrofwch ras Duw yn Iesu. Gadewch inni floeddio mewn llawenydd annisgwyl.

*SELA:* cymrwch eiliad i ddiolch i Dduw am eich iachawdwriaeth eich hunan. Wrth alw i gof y profiad cyntaf o gael eich achub, daliwch y teimlad yna yn eich gweddïau dros y rhai sydd eto i brofi "llawenydd annisgwyl" iachawdwriaeth.

**DARLLENWCH Salm 47:5-7 yn araf ac yn llafar**

> Esgynnodd Duw gyda bloedd,
> yr ARGLWYDD gyda sain utgorn.
> Canwch fawl i Dduw, canwch fawl;
> canwch fawl i'n brenin, canwch fawl.
> Y mae Duw yn frenin ar yr holl ddaear;
> canwch fawl yn gelfydd.

Ble yng Nghymru mae'r lle mwyaf swnllyd? Yr ydym yn byw o fewn siwrne gerdded 10 munud i stadiwm y Principality. Ar achlysur gêm ryngwladol gyffrous o rygbi, byddwn yn medru clywed y sŵn yn rhwydd o'n gardd gefn. Mae seddi'r stadiwm yn gartref i'r mynegiant mwyaf gorfoleddus o fuddugoliaethau Cymru. Ond mewn dyddiau a fu, yr oedd yr eglwysi yn leoliad i'r math hwn o lawenydd swnllyd, gorfoleddus. Yn ôl yn y 18fed ganrif, yr oedd y Methodistiaid Calfinaidd yn cael eu hadnabod fel "Jumpers" oherwydd ni allai eu cyrff ddal y cyffro a deimlent wrth feddwl am yr hyn yr oedd Duw wedi ei gyflawni drostynt.

Y digwyddiad penodol y mae Meibion Cora yn ei ddathlu yn swnllyd yn y Salm hon yw esgyniad Duw. (5) I'r offeiriaid hyn, roedd y darlun o Dduw yn esgyn yng nghanol bloedd o lawenydd yn perthyn i'w profiadau o weld dathliadau'r addolwyr yn esgyn i Jerwsalem i ddod â mawl (efallai at ddychweliad Arch y Cyfamod i Jerwsalem, 1 Cronicl 15-16), neu i fuddugoliaeth Duw dros ei elynion. Wrth i ni fel Cristnogion weddïo'r gân hon, medrwn gymhwyso'r geiriau i esgyniad Iesu. Wedi codi o farw'n fyw, esgynnodd yn ôl i'r nefoedd. Ac yno mae yn awr yn eistedd ar ddeheulaw

Duw. Yr Esgyniad yw un o'r athrawiaethau sy'n cael eu defnyddio lleiaf yn ein bywydau gweddi. Oherwydd bod Iesu ar ddeheulaw Duw mae gweddi'n bosibl, ac mae gweddi'n rymus.

Mae'r esgyniad yn gwneud gweddi'n bosibl oherwydd yr ydym yn gwybod fod Iesu yn eiriol gyda ni. Nid gweddïo ar ben ein hunain fyddwn. Bob tro y byddwn yn gweddïo i'r Tad yr ydym yn gwneud hynny yng nghwmni Mab Duw sy'n eiriol ei hun drosom. (Hebreaid 7:25). Mae bod mewn cyfarfod gweddi a chlywed rhywrai yn gweiddi AMEN yn uchel wrth i ni weddïo yn anogaeth, yn brofiad sy'n dod a ni at ein gilydd yn un. Gymaint mwy yw adnabod y gwirionedd fod Iesu yn sefyll ym mhresenoldeb Duw ei hun ar ein rhan, yn datgan ei AMEN i'r gweddïau a weddïwn yn unol â'i ewyllys.

Mae'r esgyniad hefyd yn rhoi grym i'n gweddïau gan ei fod yn tystio i'r Iesu buddugol. Mae'n eistedd ar ddeheulaw Duw fel atgof inni fod ei waith wedi ei orffen, mae pechod, satan a marwolaeth wedi eu concro. Daw dydd pan fyddwn yn gweld y goncwest yma'n llawn. Mae ein gweddïau gorau ond yn uno â llif buddugoliaeth Duw, gan ofyn iddo wneud ei fuddugoliaeth yn amlwg yn ein cymunedau a'n heglwysi.

Esgynnodd Iesu. Does ryfedd ein bod yn canu mawl, yn canu mawl, yn canu mawl, yn canu mawl.

**SELA:** cymrwch eiliad i ganu mawl i Dduw. Dewiswch gân sy'n tystio i'r cyfan y mae Duw wedi ei gyflawni. Wrth ganu, dychmygwch eich tir, eich cymunedau yn uno yn y mawl.

**DARLLENWCH Salm 47: 8-9 yn araf ac yn llafar**

> Y mae Duw yn frenin ar y cenhedloedd,
> y mae'n eistedd ar ei orsedd sanctaidd.
> Y mae tywysogion y bobl wedi ymgynnull
> gyda phobl Duw Abraham;
> oherwydd eiddo Duw yw mawrion y ddaear-
> fe'i dyrchafwyd yn uchel iawn.

Mae'r Salm yn cloi gyda darlun o'r Brenin yn eistedd ar ei orsedd sanctaidd. Dyma sylfaen greiddiol ein holl weddïau. Nid bod yn ryw hud mewn gweddi, nid dyna ffynhonnell y grym. Mae grym gweddi yn gorwedd yn y ffaith ein bod yn siarad â Brenin y bydysawd. Medrwn ddod â'n deisyfiadau ato gan wybod fod ganddo'r grym i weithredu. Medrwn adael ein deisyfiadau yn ei law, gan y gwyddom y bydd yn gwneud popeth yn dda.

Gan fod Duw yn Frenin dros yr holl ddaear, medrwn ddisgwyl y bydd yn gweithio ymhob cenedl. Dyna pam y mae'r Salmydd yn gorffen gyda'r geiriau, "Y mae tywysogion y bobl wedi ymgynnull gyda phobl Duw Abraham" (9). Addawyd i Abraham y byddai holl genhedloedd y byd yn cael eu bendithio yn ei had ef (Genesis 12:1-3). Dyhead am weld sylweddoliad llawn o'r addewid hon yw dyhead y Salmydd. Yr ydym ni yn gwybod fod y diwrnod yma bellach wedi ei sylweddoli yn Iesu Grist, yr un sydd ar waith i ddwyn pobl "o bob cenedl a'r holl lwythau a phobloedd ac ieithoedd" (Datguddiad 7:9) i blygu o flaen Duw, y Brenin. Un o'r pethau sy'n cael ei orchymyn i ni yw gweddïo, "dros frenhinoedd a phawb sydd mewn awdurdod, inni gael byw ein bywyd yn dawel a heddychlon, yn llawn duwioldeb a gwedduster. Peth da yw hyn, a chymeradwy gan Dduw, ein Gwaredwr, sy'n dymuno gweld pob un yn cael ei achub ac yn dod i ganfod y gwirionedd" (1 Timotheus 2:2-4). Pobl yw ein gwleidyddion lleol a chenedlaethol, pobl y mae Duw yn dymuno eu hachub. Pa newidiadau tybed fyddai i'w weld petai'r unigolion hyn yn dod i adnabod Iesu?

**SELA:** gweddïwch y bydd arweinwyr Cymru yn ymuno â'r dathliad. Gweddïwch dros eich Aelod Seneddol a'ch Aelod Senedd Cymru, dros arweinwyr eich cymunedau. Gweddïwch am ddiwygiad yn Senedd Cymru, ac am ddydd pryd y bydd ein cenedl yn troi yn ôl at Dduw.

## Salm 48

# GWEDDÏO DROS UNDOD EGLWYSIG

Ble mae eich hoff le yng Nghymru? Efallai eich bod yn caru mynyddoedd garw Bannau Brycheiniog. Beth am arfordir Sir Benfro, neu anial gwyllt Eryri? Efallai fod rhai ohonoch wedi gwirioni ar ganol dinas Casnewydd! Yr ydym yn cael ein denu'n naturiol i leoedd o harddwch, llefydd sy'n ein tynnu allan ohonom ni ein hunain braidd i brofiad o lonyddwch, diogelwch, neu hyd yn oed rhyw brofiad trosgynnol. Mae hyd yn oed y bobl sy'n gwrthod unrhyw syniad o ffydd yn aml i'w cael ar 'bererindod' i'r llefydd hyn, yn dewis treulio eu gwyliau yno, neu fe gewch ambell un yn ail-leoli cartref i fod mewn lle sy'n eu hudo.

Ond, mae yna un lle ar y ddaear sy'n rhagori ar bob lle arall o ran harddwch, y man hynny lle mae Duw'n bresennol. Ysgrifennwyd Salm 48 fel dathliad calon lawn o'r lle hwn. Ceir awgrym braidd fod Meibion Cora wedi teithio'r byd, dim ond i ddod i'r sylweddoliad nad oes unman fel y lle mae Duw yn preswylio. Wrth ysgrifennu fel offeiriaid yr Hen Gyfamod, y man oedd yn cynrychioli presenoldeb Duw oedd mynydd Seion, y bryn lle y byddai'r deml yn cael ei hadeiladu maes o law yn Jerwsalem. Ond, wrth ddarllen drwy sbectol y Cyfamod Newydd, medrwn gymhwyso eu dathliad o Seion i'r eglwys, y man lle mae pobl Dduw yn cyfarfod fel pobl gyffredin a briwedig, pobl sy'n dysgu gyda'i gilydd i ddilyn Iesu er mwyn bendithio'r byd. Mae'r Testament Newydd yn disgrifio pawb sy'n dod at Iesu mewn ffydd wedi dod yn ysbrydol, "at Fynydd Seion ..., ac i ddinas y Duw byw, y Jerwsalem nefol" (Hebreaid 12:22). Teml Dduw yw'r eglwys, dyma'r bobl y mae Duw yn byw gyda nhw (Effesiaid 2:22). Tebyg os byddech yn gofyn i Feibion Cora ble mae eu hoff le yng Nghymru, y byddech yn clywed yr ateb - 'eich eglwys chi'!

Mae gweddïo am ddiwygiad yng Nghymru yn gyfystyr â gweddïo y bydd Duw yn harddu ei eglwys. Dyma'r un lle ar y ddaear lle y mae'n preswylio'n arbennig, gan weithio mewn ffordd unigryw i adfer pobl i fyw yn ei bresenoldeb. Cawn wahoddiad yn Salm 48 i ystyried yr eglwys fel rhodd, i ystyried y peryglon sydd yn ei hwynebu, ac i weddïo y bydd y grym sydd gan yr eglwys yn cael ei ryddhau er trawsffurfio ein tir.

**DARLLENWCH Salm 48:1-3 yn araf ac yn llafar**

> Mawr yw'r ARGLWYDD a theilwng iawn o fawl
> yn ninas ein Duw, ei fynydd sanctaidd.
> Teg o uchder, llawenydd yr holl ddaear,
> yw Mynydd Seion, ar lechweddau'r Gogledd,
> dinas y Brenin Mawr.
> Oddi mewn i'w cheyrydd y mae Duw
> wedi ei ddangos ei hun yn amddiffynfa.

Yn ddaearyddol ac o gyfeiriad esthetig, does fawr i ddweud fod Mynydd Seion yn hardd neu yn arwyddocaol. Ac eto, yn ôl Meibion Cora, mae'r lle yn "lawenydd yr holl ddaear". Sut mae'n bosibl dweud y fath beth? Yn syml oherwydd, "Oddi mewn i'w cheyrydd y mae Duw wedi ei ddangos ei hun yn amddiffynfa". Presenoldeb Duw yn hytrach na gogoniant allanol sy'n gwneud Mynydd Seion yn neilltuol. Mae'r un peth yn wir am ein heglwysi.

Pan fyddwn yn meddwl am ein heglwysi lleol, efallai mai'r hyn sy'n ein taro yw fod y bobl yma yn frau, yn griw di nod. Efallai ein bod yn teimlo nad oes gennym fawr iawn i gynnig i bobl sy'n cael eu denu gan bob math o 'ryfeddodau' eraill yn eu bywydau. Gall hyn arwain yr eglwysi i gael eu temtio i geisio harddu'r eglwys, gan ymdrechu i fod yn fwy dengar, yn fwy perthnasol i bobl o'r tu allan. Wrth wneud hyn byddwn yn aml yn anghofio'r hyn sy'n unigryw i'r eglwys, presenoldeb Duw. (Mathew 28:20) Dyma darddiad ein harddwch. Dyma'r hyn sy'n peri inni ddisgleirio.

Yr ydym yn gwerthfawrogi presenoldeb Duw yn ei eglwys wrth weddïo am ddiwygiad yng Nghymru, gan ddyheu am amlygiad mwy o'i bresenoldeb drwy'r eglwys. Gwedd arall ar hyn yw ein gweddi y bydd yr eglwys yn un, fel y gweddïodd Iesu (Ioan 17), fel bod y byd yn gweld gogoniant Duw drwy eglwys unedig. Yn y cyfan, yr ydym yn gweddïo y bydd Priodasferch Crist yn camu i'w hunaniaeth gan adlewyrchu'r prydferthwch y mae Duw wedi ymddiried iddi. Efallai fod gweddïo fel hyn yn gam sylweddol i lawer ohonoch heddiw. Efallai i chi gael eich clwyfo gan yr eglwys. Rwyf am eich annog, os felly, i gymryd cam fydd yn gam dewr. Gofynnwch i Dduw i roi calon dros yr eglwys i chi. Gofynnwch iddo rannu ei galon â chi dros eglwys sy'n friw, yn methu, eglwys sy'n briodferch gyffredin anghyffredin. Bod tro y byddwn yn gweddïo Salm 44, gan alaru am gyflwr gwan yr eglwys yn ein tir, yr ydym hefyd am weddïo Salm 48, gweddi i weld harddwch yr eglwys yn cael ei feddiannu eto.

**SELA:** cymrwch eiliad i ddiolch i Dduw am eich eglwys. Ystyriwch yn lle y mae ei bresenoldeb yn amlwg ym mywydau'r rhai sydd yn eich cymuned ffydd.

### DARLLENWCH Salm 48:4-8 yn araf ac ar lafar

> Wele'r brenhinoedd wedi ymgynnull
> ac wedi dyfod at ei gilydd;
> ond pan welsant, fe'u synnwyd,
> fe'u brawychwyd nes peri iddynt ffoi;
> daeth dychryn arnynt yno,
> a gwewyr, fel gwraig yn esgor,

> fel pan fo gwynt y dwyrain
> yn dryllio llongau Tarsis.
> Fel y clywsom, felly hefyd y gwelsom
> yn ninas ARGLWYDD y Lluoedd,
> yn ninas ein Duw ni
> a gynhelir gan Dduw am byth.

Mae'r Salmydd yn symud o edrych ar harddwch Seion i weld y peryglon y mae'n ei hwynebu. Daw brenhinoedd eraill i geisio ei dymchwel. Ond, gwagedd yw'r holl fygythion gan fod gan Seion amddiffynnydd nefol. Mae hon yn cael ei chynnal gan Dduw, am byth. (8)

Gan fod yr eglwys yn gynulliad o'r rhai mae Duw wedi eu caru mewn ffordd benodol, mae Satan yn ei chasáu. Y mae'n wynebu brwydr ysbrydol barhaol o gyfeiriad Satan, yr un sy'n gweithio'n barhaol i darfu ar ein cenhadaeth drwy dwyll, temtasiynau a diffyg undod. Rhaid bod yn ymwybodol ac ar ein gwyliadwriaeth rhag hyn yn barhaus, gan gymryd o ddifri'r alwad arnom i weddïo y bydd yr eglwys yn cael ei hamddiffyn rhag cynllwynion y Diafol. (1 Pedr 5:8) Mae Satan wedi peri llanast yn yr eglwys ar draws Cymru yn ein cenhedlaeth. Ond, nid gydag ef y mae'r gair olaf. Cawn sicrwydd o hyn yn Salm 48. Rhaid bod ar ein gwyliadwriaeth fel pobl Dduw o ran y bygythiad. Ond, yr ydym yn wyliadwrus yng nghyd-destun addewid Iesu y bydd yn adeiladu ei eglwys, "ac ni chaiff holl bwerau Hades y trechaf arni." Er bod eglwysi unigol wedi codi a darfod, wedi eu geni ac wedi marw, eto, parhaodd eglwys Fyd-eang Duw o un genhedlaeth i'r nesaf. Os yw ein cyd-destun ni dan fygythiad, yr ydym yn cofio mewn llawenydd ffyddlondeb tragwyddol Duw i'w bobl, - "Fel y clywsom, felly hefyd y gwelsom."

***SELA:*** cymrwch ychydig amser i weddïo y bydd Duw yn amddiffyn eglwysi lleol yn eich ardal. Ble fyddwch chi'n gweld cynllwynion y Diafol ar waith yn ceisio tarfu ar eglwysi?

**DARLLENWCH Salm 48:9-14 yn araf ac ar lafar**

> O Dduw, yr ydym wedi portreadu dy ffyddlondeb
> yng nghanol dy deml.
> Fel y mae dy enw, O Dduw, felly y mae dy fawl
> yn ymestyn hyd derfynau'r ddaear.
> Y mae dy ddeheulaw'n llawn o gyfiawnder;
> bydded i Fynydd Seion lawenhau.
> Bydded i drefi Jwda orfoleddu
> oherwydd dy farnedigaethau.
> Ymdeithiwch o gwmpas Jerwsalem, ewch o'i hamgylch,
> rhifwch ei thyrau,
> sylwch ar ei magwyrydd,
> ewch trwy ei chaerau,
> fel y galloch ddweud wrth yr oes sy'n codi,
> "Dyma Dduw!
> Y mae ein Duw ni hyd byth bythoedd,
> fe'n harwain yn dragywydd."

Yng ngoleuni'r ffaith fod Duw yn preswylio yn, ac yn amddiffyn Seion, mae Meibion Cora am gael bod yno. Pobl presenoldeb Duw yw'r rhain, yn myfyrio ar gariad di-ffael Duw, (9) ac ar strwythur Seion (12-13) o'r tu fewn. Maent yn caru'r lle yma. Mewn diwylliant sy'n aml yn trin yr eglwys mewn ffordd ffwrdd â hi, mae'r rhain yn ein herio i werthfawrogi'r rhodd o le, lle i gasglu gydag eraill i ystyried gogoniant a daioni Duw.

Ond sylwch, maent yn gweddïo y bydd yr hyn sy'n digwydd yno yn mynd ar led. Mae hon yn weddi genhadol. Unwaith y byddwn wedi blasu daioni presenoldeb Duw, yr ydym yn awyddus i'w rannu. Dyhead Meibion Cora yw y bydd yr hyn sy'n digwydd ym mhresenoldeb Duw yn cael ei rannu i dri chyfeiriad penodol. Yn gyntaf, breuddwydiant am weld moliant Duw yn "ymestyn hyd eithafoedd y ddaear (10). Yn ail, breuddwydiant am weld moliant Duw yn ymestyn i "drefi Jwda" (11). Yn drydydd, breuddwydiant am weld moliant Duw yn ymestyn i'r "oes sy'n codi" (13). Onid dyma hanfod ein gwaith? Am freuddwyd! Gweddi y bydd Duw yn symud mor rymus yng Nghymru fel y bydd yn atseinio yng nghlyw'r cenhedloedd. Am freuddwyd! Y bydd Duw yn symud mewn ffordd mor rymus yn ein cymunedau fel y bydd hyn yn gorlifo i bentrefi a threfi cyfagos, gan lenwi pob cornel o'n gwlad gyda mynegiant o ogoniant Duw wrth i eglwysi newydd godi o'r tir. A dyma freuddwyd! Y bydd Duw yn symud mewn ffordd mor rymus yn ein cenhedlaeth fel y bydd i'n plant a phlant ein plant gael eu galw i ddilyn Iesu, ac yn cael eu galw i'w genhadaeth.

Mae'r cyfan yn ein dwyn yn ôl at ein gweddi dros undod yr eglwys. Gweddi olaf Iesu cyn mynd am y groes yw'r weddi lle mae'n rhannu ei ddyhead gyda'r Tad, "er mwyn i'r byd wybod mai tydi a'm hanfonodd i" (Ioan 17:23). Sut y bydd hyn yn cael ei sylweddoli? Sut y bydd ffydd yn Iesu yn lledu i genhedloedd, mannau anghysbell, y genhedlaeth nesaf? Mae Iesu yn ateb y cwestiwn yn glir a chroyw, "Rwy'n gweddïo ar iddynt oll fod yn un, ... er mwyn i'r byd gredu mai tydi a'm hanfonodd i" (Ioan 17:21).

Gadewch inni felly freuddwydio gyda Salm 48. Caniatewch i'r freuddwyd ein hysbrydoli i weddïo. Nid dim ond llwybr Salm 48 yw hyn, dyma lwybr Iesu.

**SELA:** cymrwch amser i weddïo am ledaeniad yr Efengyl o Gymru i'r cenhedloedd, o'ch cymuned i gymuned gerllaw, ac o'ch bywyd i fywyd y genhedlaeth nesaf. Os yw o gymorth, dewiswch genedl benodol, tref neu bentref sydd wrth ymyl, a phlentyn unigol.

# Salm 50

## GWEDDÏO AM FFYDD GO IAWN

Beth yw'r perygl mwyaf i fywyd o weddi? I lawer ohonom yn y byd modern byddem am gyfeirio at brysurdeb bywyd, pethau'r sy'n mynd a'n sylw, sŵn ac yn y blaen. Does dim amheuaeth fod yr agweddau hyn ar fywyd yn rhwystr i'n mwynhad o gymundeb fywiol a heddychlon gyda'n Creawdwr. Ond, pan oedd Iesu yn dysgu ei ddisgyblion i weddïo, nid prysurdeb ond rhagrith oedd flaenaf yn ei feddwl. "A phan fyddwch yn gweddïo, peidiwch â bod fel y rhagrithwyr." Roedd yna ddosbarth o bobl grefyddol yn nyddiau Iesu oedd yn gweddïo yn nhermau perfformiad, er mwyn cael clod gan bobl. O ganlyniad, roedd eu gweddïau yn frith o eiriau coeth a blodeuog. Ond roedd y geiriau yn gwbl amddifad o gri calon. Mae'r math hyn o weddïo yn ffordd dda i sicrhau cymeradwyaeth y dyrfa, ond nid ydynt yn cael eu cymeradwyo yn y nefoedd. Mae'r gweddïau hyn braidd yn ail-adrodd yr hyn ddigwyddodd yng ngardd Eden, oherwydd unwaith y gwelodd dynoliaeth eu bod yn noeth, dyma fynd ati i guddio oddi wrth yr Arglwydd (Genesis 3:10). Ein tuedd naturiol wrth deimlo fod pobl yn ein gweld, neu ymdeimlad o noethder yw cuddio. O ganlyniad yr ydym yn gwneud sioe, yn gwisgo mwgwd i guddio ein hunain. Yr ydym yn pentyrru gweithgaredd crefyddol fel dail ffigys i guddio ein cydwybod euog. Drwy'r cyfan, yr ydym yn methu allan ar fraint gweddi go iawn. Cael sefyll mewn gwendid a diolchgarwch o flaen ein Creawdwr bendigedig.

Mae Salm 50 yn rhodd i ganiatáu inni ail-ddarganfod gweddi go iawn. Mae Asaff fel meddyg cywrain (ac ecsentrig!) sy'n rhwygo'r plastr oddi ar y clwyf, gan ddatgelu'r hyn sy'n cuddio er mwyn gwellhad. Mae geiriau (anesmwyth ar brydiau) Salm 50 yn alwad croyw i'n hatgof o beth yw ffydd yn ei hanfod. Mae'r gair 'diwygiad' yn peri inni feddwl deffro'r hyn sy'n cysgu ac atgyfodi'r hyn sy'n farw. Yn yr ystyr yma, mae Salm 50 yn Salm am ddiwygiad. Mae'n ein galw yn ôl i fywyd drwy ddychwelyd at Dduw, drwy gofio am ddeisyfiad a mawl, a thrwy ein gwahodd i roi i farwolaeth y rhagrith sydd wedi nodweddu ein heglwys ers cyfnod Sardis, ("bod gennyt enw dy fod yn fyw er mai marw ydwyt" (Datguddiad 3:1)). Gadewch inni ganiatáu i Salm 50 ddatgelu ein calon o flaen y Ffisigwr Mawr, yr un sydd yn mynd i ryfel yn erbyn yr hyn sydd am ein distrywio, gan alw i fod yr hyn sydd am ein hiachau.

**DARLLENWCH Salm 50:1-6 yn araf ac ar lafar**

> Duw y duwiau, yr ARGLWYDD, a lefarodd;
> galwodd y ddaear
> o godiad haul hyd ei fachlud.
> O Seion, berffaith ei phrydferthwch,
> y llewyrcha Duw.
> Fe ddaw ein Duw, ac ni fydd ddistaw;
> bydd tân yn ysu o'i flaen,
> a thymestl fawr o'i gwmpas.
> Y mae'n galw ar y nefoedd uchod,
> ac ar y ddaear, er mwyn barnu ei bobl:
> "Casglwch ataf fy ffyddloniaid,
> a wnaeth gyfamod â mi trwy aberth."
> Bydd y nefoedd yn cyhoeddi ei gyfiawnder,
> oherwydd Duw ei hun sydd farnwr.

Yn y rhan fwyaf o'r Salmau, yr ydym ni yn siarad â Duw, a'r Salmydd yn rhoi iaith inni er mwyn cynorthwyo i gyfathrebu ag Ef. Ond, mae Salm 50 yn cychwyn drwy dynnu ein sylw at eiriau a gweithredoedd Duw. Yr awgrym yw bod gweddi yn cychwyn pan fo Duw yn ymddangos mewn gogoniant ar orwel ein meddwl. Nid agoriad hamddenol yw hwn, nid rhyw symud yn araf i mewn i'r bywyd ysbrydol. Mae braidd fel coelcerth yn goleuo'r ffurfafen, gydag Asaff yn disgrifio'n fyrlymus ymddangosiad presenoldeb Duw. Cawn Dduw yn ymwthio i mewn i'n bywyd mewn geiriau sydd i fod i'n deffro o'n cwsg. Down o flaen y Duw bendigedig, ac yntau yn llewyrchu'n danbaid o'i lys nefol (2). Dyma'r Duw sy'n llefaru, yn dymuno gwneud ei enw yn hysbys drwy'r ddaear gyfan (1 a 3). Dyma Dduw y cyfamod, yr un sydd wedi galw pobl i fod yn bobl iddo ef ei hun (5).

Mae awduron y Testament Newydd yn dehongli dyfodiad Iesu fel cyflawniad o adnod 3, "Fe ddaw ein Duw" (gw Ioan 1:14). Ef yw'r un sy'n fendigedig yn wir, yr un sy'n amlygiad o brydferthwch Duw (Colosiaid 1:15-20). Hwn yw'r Gair sy'n datguddio sut un yw Duw (Hebreaid 1:1-3). Hwn yw Cyfryngwr y Cyfamod Newydd, yn selio pobl trwy ei waed i gael mwynhau presenoldeb Duw (Hebreaid 9:15). Man cychwyn diwygiad yw troi yn ôl at Iesu, sefyll o flaen ei ogoniant, dod yn ymwybodol o'i frenhiniaeth. Byddwn yn aml yn caniatáu i bethau fynd a'n sylw, gan ganiatáu i ffydd ac eglwys i fod yn rhywbeth am yr allanolion. Ond, mae Salm 50 yn ein deffro i gofio sefyll mewn parchedig ofn o flaen gogoniant Duw, a dyma'r cam cyntaf i ddarganfod angerdd yn ein perthynas ag Ef.

**SELA:** cymerwch amser i fyfyrio ar ogoniant Iesu. Darllenwch drwy adnodau fel Colosiaid 1:15-20 yn araf ac yn weddigar, gan ofyn i'r Ysbryd Glân i wneud mawredd Iesu yn real i chwi.

### Darllenwch Salm 50:7-15 yn araf ac ar lafar

"Gwrandewch, fy mhobl, a llefaraf;
dygaf dystiolaeth yn dy erbyn, O Israel;
myfi yw Duw, dy Dduw di.
Ni cheryddaf di am dy aberthau,
oherwydd y mae dy boethoffrymau'n wastad ger fy mron.

> Ni chymeraf fustach o'th dŷ,
> na bychod geifr o'th gorlannau;
> oherwydd eiddof fi holl fwystfilod y goedwig,
> a'r gwartheg ar fil o fryniau.
> Yr wyf yn adnabod holl adar yr awyr,
> ac eiddof fi holl greaduriaid y maes.
> Pe bawn yn newynu, ni ddywedwn wrthyt ti,
> oherwydd eiddof fi'r byd a'r hyn sydd ynddo.
> A fwytâf fi gig eich teirw,
> neu yfed gwaed eich bychod geifr?
> Rhowch i Dduw offrymau diolch,
> a thalwch eich addunedau i'r Goruchaf.
> Os gelwi arnaf yn nydd cyfyngder
> fe'th waredaf, a byddi'n fy anrhydeddu."

Wedi tynnu ein sylw ato, mae Duw yn llefaru. Beth mae'n ei ddweud? Mae'n ceryddu ei bobl. Cyn tybio fod y math yma o gerydd yn beth llym, rhaid cofio fod cariad yn ceryddu. Os yw plentyn mewn perygl fe fydd rhiant yn rhybuddio, ac o bryd i'w gilydd mi fydd hynny yn swnio'n chwyrn, a'r cyfan er mwyn eu diogelu rhag canlyniad y perygl sy'n eu hwynebu. Mewn gweddi yr ydym ninnau yn gosod ein hunain yn y lle hwnnw lle y gall ein Tad nefol ein ceryddu yn ei gariad tuag atom. Yr ydym yn ymateb i'r gwahoddiad yng ngeiriau Salm 139:1, "ARGLWYDD, yr wyt wedi fy chwilio a'm hadnabod."

Yn yr adnodau hyn mae Duw yn ceryddu ei bobl am y ffordd y maent yn dibynnu arno, neu ddim yn dibynnu i fod yn gywir. Tebyg fod yna feddylfryd wedi eu meddiannu oedd am gredu fod eu perthynas ag ef yn seiliedig ar ddefodau crefyddol neu aberthu anifeiliaid. Mae Duw yn herio'r meddylfryd hwn drwy atgoffa ei bobl fod pob anifail eisoes yn eiddo iddo. Nid rhoddion i dduw anghenus yw eu haberthau. Yn y bôn mae'n dweud wrth ei bobl, "Does gen i ddim gwrthwynebiad i'ch consyrn i gyflwyno offrymau imi. Y cyfan yr wyf am i chi ei gofio yw nad oes eu hangen arnaf. Ac oherwydd nad oes arnaf eu hangen, yr hyn yr wyf yn ei ddymuno gennych yw rhywbeth llawer iawn dyfnach, rwyf am gael perthynas â chi."

Mae'r rhan hon o'r Salm yn ein hatgoffa o lythyr Iesu at yr eglwys yn Effesus yn Datguddiad 2:1-7. Mae'n anrhydeddu eu haberth a'u llafur, ond mae'n galaru eu bod wedi "colli eu cariad cyntaf" (Datguddiad 2:4). Mae'n galw arnynt i ddychwelyd. Yn benodol, mae am iddynt ddychwelyd at symlrwydd y cariad cyntaf yna sy'n cael ei amlygu mewn dwy ffordd, diolchgarwch a deisyfiad. Mae am fod yr un sy'n derbyn ein diolch wrth inni brofi ei ddaioni a'r un y byddwn yn galw arno wrth wynebu'r drwg. Mae am inni brofi ei gyfeillgarwch. Tybed os ydym wedi colli hyn? A yw'n heglwysi wedi crwydro i ddyletswyddau crefyddol a gadael perthynas fyw yn y gorffennol? Mae Salm 50:7-15 yn ein galw yn ôl at hanfod ffydd.

***SELA:*** cymrwch ychydig amser i ofyn i'r Ysbryd Glân i chwilio eich calon ac i ddatguddio'r ffyrdd hynny yr ydych wedi crwydro i ffwrdd oddi wrth yr Arglwydd. Wedi cymryd yr amser i ymlonyddu yn ei gwmni, cyffeswch y pechodau sy'n dod i'ch meddwl, gyda hyder fod Crist am eich cofleidio, gan faddau pob pechod a rhoi cychwyn newydd inni eto fyth, cyfle i wneud y gweithredoedd cyntaf eto. (Datguddiad 2:5)

### DARLLENWCH Salm 50:16-23 yn araf ac ar lafar

Ond wrth y drygionus fe ddywed Duw,
"Pa hawl sydd gennyt i adrodd fy neddfau,
ac i gymryd fy nghyfamod ar dy wefusau?
Yr wyt yn casáu disgyblaeth
ac yn bwrw fy ngeiriau o'th ôl.
Os gweli leidr, fe ei i'w ganlyn,
a bwrw dy goel gyda godinebwyr.
Y mae dy enau'n ymollwng i ddrygioni,
a'th dafod yn nyddu twyll.
Yr wyt yn parhau i dystio yn erbyn dy frawd,
ac yn enllibio mab dy fam.
Gwnaethost y pethau hyn, bûm innau ddistaw;
tybiaist dithau fy mod fel ti dy hun,
ond ceryddaf di, a dwyn achos yn dy erbyn.

> "Ystyriwch hyn, chwi sy'n anghofio Duw,
> rhag imi eich darnio heb neb i arbed.
> Y sawl sy'n cyflwyno offrymau diolch sy'n fy anrhydeddu,
> ac i'r sawl sy'n dilyn fy ffordd y dangosaf iachawdwriaeth Duw."

Mae Duw yn ceryddu ei bobl yn ei gariad. Ond daw'r Salm hon i ben gyda chyhuddiad yn erbyn "y drygionus" (16). Os yw adnodau 7 i 15 yn cynrychioli'r rhai hynny ohonom sy'n crwydro'n rhwydd oddi wrth Dduw, mae adnodau 16 i 23 yn cynrychioli'r rhai sydd wedi "anghofio Duw" (22), er yn parhau i adrodd ei ddeddfau (16). Mewn gair, disgrifiad sydd yma o'r rhagrithwyr. Gellid yn hawdd credu y byddai geiriau Asaff yn yr adnodau hyn wedi bod yn briodol i Iesu wrth wynebu'r Phariseaid. Y mae Duw wastad yn awyddus i ddeffro'r rhai hynny sy'n cerdded yn eu cwsg fel petai i'w dinistr. Un o'r ffyrdd y bydd pobl yn gwneud hynny yw trwy fabwysiadu 'crefydd heb ei grym', crefydd sy'n trin Duw yn ysgafn, y rhai sydd ddim yn trin ei ddatguddiad o ddifri, gan gadw perthynas lled braich ag ef ar y gorau.

Tybed nad yw'r olwg wael sydd ar gynifer o gapeli ar draws Cymru yn y genhedlaeth hon yn adlewyrchiad o galonnau pobl sy'n cyffesu eu bod yn Gristnogion ond eto, yn bobl sydd yn amddifad o ffydd fyw. Mae Salm 50 yn cloi drwy ein hatgoffa fod crefydd wag fel hyn yn cywilyddio Duw. (22-23) Ond, am y rhai sy'n ei gofio mewn diolchgarwch ac ymddiriedaeth, dangosir ei iachawdwriaeth i'r rhain. Cymaint yw ein dyhead am gael bod y bobl yma. Gadewch inni weddïo heddiw am y deffroad sy'n cael ei ddarlunio yn Salm 50 o fewn i eglwysi lle mae Duw wedi ei anghofio, a chrefydd wag wedi diorseddu ffydd fyw. Mae popeth yn bosibl i'n Duw rhyfeddol ni.

**SELA:** cymrwch amser i weddïo dros yr eglwysi yn eich cymuned. Gweddïwch y byddant yn cael eu nodweddu gan ffydd go iawn. Gweddïwch dros y rhai sy'n cynrychioli enw Iesu ond heb fod mewn perthynas fyw ag Ef. Gweddïwch y byddant yn cael eu gwneud yn fyw trwy ei Ysbryd.

## Salm 74
# GWEDDÏO DROS Y FRWYDR YSBRYDOL

Gall adfeilion cestyll fod yn le anhygoel i chwarae. Cefais fy magu mewn tref oedd ac adfeilion castell yn agos i'r canol. Yr oeddwn yn mwynhau ymweld â'r lle gyda fy ffrindiau, yn dychmygu campau arwrol amddiffynwyr y castell mewn adegau o wrthryfel. Yr oedd y cerrig garw yn adrodd straeon am farchogion a brenhinoedd, am frwydrau a gollwyd a brwydrau enillwyd, o ymladd am ryddid ac adeiladu caer gobaith. Trwy drugaredd, ychydig ohonom ni sydd wedi gorfod byw drwy gyfnod o ryfel. Ond, gall cyfnodau o heddwch beri fod yna lesgedd yn ein hymwybyddiaeth o'r frwydr ysbrydol. Rhwydd yw credu fod bywyd yn dir niwtral, a'r brwydrau mwyaf yw talu biliau a chwarae gemau fidio!

Mae'r Apostol Paul yn ein hatgoffa, o ddilyn Iesu, fod gennym elyn a'n bod mewn brwydr. (Effesiaid 6:10-13). Ond, yr ydym hefyd wedi ein harfogi ag arfogaeth ysbrydol er mwyn ein hamddiffyn rhag cynllwynion y Diafol i'n cyhuddo a'n dychryn (Effesiaid 6:14-18). Yr eitem olaf sy'n cael ei nodi gan Paul, yn yr arfogaeth sydd gennym yw "cleddyf yr Ysbryd, sef gair Duw. Ymrowch i weddi ac ymbil, gan weddïo bob amser yn yr Ysbryd." Fel ac yr ydym yn ei ddysgu yn y llyfr hwn, mae gweddïo fel gweini cleddyf yng nghanol brwydr. A dweud y gwir, gweddïo gair Duw yw'r unig arf sy'n cael sylw gan Paul gan mor bwysig yw gweddïo'r Beibl yn y frwydr dros dynged ein tir. Mae gweddi yn weithred sy'n crynhoi ein gwrthsafiad yn erbyn y Diafol a'i gynllwynion. Yn ôl y pregethwr John Piper, "nes y byddi'n gwybod fod bywyd yn frwydr fyddi di ddim yn gwybod beth yw pwrpas gweddi".[10]

Salm mewn brwydr yw Salm 74, a theimla Asaff ei fod mewn brwydr lle y mae'r gelyn yn ennill wrth iddo edrych o amgylch a gweld pobl Dduw yn cael eu trechu yn ei ddydd. Nid maes chwarae plentyndod yw'r adfeilion mae Asaff yn eu gweld, ond yn hytrach dyma adfeilion yr union le oedd yn cynrychioli presenoldeb Duw ymhlith ei bobl. Drwy ddefnyddio'r ddelwedd o "adfeilion" (3) mae Asaff yn rhoi geirfa hynod o gyfoethog i'n gweddïau heddiw wrth i lawer ohonom deimlo fod ein bywydau a'n tir wedi ei ddistrywio. Gadewch inni weini cleddyf Salm 74 yn y frwydr dros ddyfodol Cymru heddiw.

### DARLLENWCH Salm 74:1-3 yn araf ac yn llafar

> Pam, Dduw, y bwriaist ni ymaith am byth?
> Pam y myga dy ddigofaint yn erbyn defaid dy borfa?
> Cofia dy gynulleidfa a brynaist gynt,
> y llwyth a waredaist yn etifeddiaeth iti,
> a Mynydd Seion lle'r oeddit yn trigo.
> Cyfeiria dy draed at yr adfeilion bythol;
> dinistriodd y gelyn bopeth yn y cysegr.

Yn greiddiol perthynas yw gweddi, perthynas â Duw ein Crëwr a'n Gwaredwr. Un o'r ffyrdd y mae perthynas yn cael ei feithrin yw drwy gwestiynau gan fod cwestiynau yn ffordd o'n tynnu mewn i galon y llall yn y berthynas. Dyma ble mae Asaff yn cychwyn ei weddi, "Pam,

---

10 Gellir dod o hyd i'r dyfyniad yma: https://www.desiringgod.org/messages/prayer-pursuing-peoples-when-life-is-war-and-god-is-sovereign

Dduw, y bwriaist ni ymaith am byth?". Mae'n gwestiwn gonest ac ingol gan unigolyn sy'n gweld bwlch rhwng bwriadau Duw (gwared pobl er mwyn byw yn eu plith (2)) a realiti'r presennol (y lle a fwriadwyd ar gyfer byw ymhlith ei bobl bellach yn adfeilion). Mae Asaff wedi ei ddrysu gan y pellter ymddangosiadol sydd rhwng yr hyn addawyd a realiti eu profiad cyfredol. Onid yw hyn yn taro deuddeg yn aml yn ein bywyd ni? Oes gennych gwestiynau yr hoffech eu holi i Dduw heddiw?

Y mae perthynas yn cael ei feithrin drwy gwestiynau, ond mae hefyd yn cael ei feithrin drwy ddeisyfiadau. Dyma drywydd nesaf Asaff. "Cyfeiria dy draed at yr adfeilion bythol;" (3). Rwyf wrth fy modd gyda'r darlun hwn. Mae yna atgof yma o Ardd Eden lle'r ocdd Duw yn cerdded gyda dynoliaeth yn hwyr y dydd (Genesis 3:8-9). Ond, yn hytrach na dychmygu'r Arglwydd yn rhodio yn nedwyddwch gardd gysegredig, mae Asaff yn galw arno i ymweld â gwarth cysegr oedd wedi ei gadael. Dyma ein hunig obaith yng Nghymru, y gobaith y bydd Duw yn caniatáu ei bresenoldeb grasol, y presenoldeb sy'n bywhau ei waith unwaith eto. Ein gweddi yw y bydd ein Bugail Da yn cerdded drwy adfeilion ein cymunedau, adfeilion ein capeli a thrwy ein heglwysi bregus. Mae gennym le da i obeithio yng Nghrist y bydd yn gwneud hynny, oherwydd dyna wnaeth Duw yng Nghrist, cerddodd yn ein plith. Nid mewn cadeirlannau crand y cerddodd Iesu pan blannodd ei draed ar y ddaear. I'r gwrthwyneb, cerddodd ar dir pechaduriaid, puteiniaid, y dall, y cloff, y rhai oedd wedi eu gwrthod a'r rhai oedd wedi eu torri. Gweddïwn y bydd yn cerdded yr un tir heddiw.

**SELA:** cymrwch eiliad i ystyried yn weddigar y mannau adfeiliedig yn eich cymunedau. Efallai mai adfail capel sy'n dod i'r meddwl, neu hostel i'r digartref, efallai mai cuddfan i bobl sy'n dioddef dibyniaeth neu gartref sy'n galaru. Os cewch gyfle heddiw, cerddwch i'r lle a gweddïwch. Defnyddiwch adnodau fel Eseia 61:1-4 fel ffordd o ofyn i Dduw godi eto yn y tir. Dychmygwch Iesu'n cerdded yn y lle yma, ac yn gwneud hynny yn y grym sy'n ei alluogi i roi bywyd.

### DARLLENWCH Salm 74:4-11 yn araf ac ar lafar

Rhuodd dy elynion yng nghanol dy gysegr,
a gosod eu harwyddion eu hunain yn arwyddion yno.

> Y maent wedi malurio, fel coedwigwyr
> yn chwifio'u bwyeill mewn llwyn o goed.
> Rhwygasant yr holl waith cerfiedig
> a'i falu â bwyeill a morthwylion.
> Rhoesant dy gysegr ar dân,
> a halogi'n llwyr breswylfod dy enw.
> Dywedasant ynddynt eu hunain, "Difodwn hwy i gyd";
> llosgasant holl gysegrau Duw trwy'r tir.
> Ni welwn arwyddion i ni, nid oes proffwyd mwyach;
> ac nid oes yn ein plith un a ŵyr am ba hyd.
> Am ba hyd, O Dduw, y gwawdia'r gwrthwynebwr?
> A yw'r gelyn i ddifrïo dy enw am byth?
> Pam yr wyt yn atal dy law,
> ac yn cuddio dy ddeheulaw yn dy fynwes?

Pam fod Asaff a phobl Dduw yn byw yng nghanol adfeilion? Am fod gelynion pobl Dduw wedi dod i ddinistrio. Mae'r olygfa'n ddarlun o'r hyn ddigwyddodd yn ystod y gaethglud pan ddaeth y Babiloniaid a chwalu Jerwsalem, gan chwalu'r deml a chaethgludo'r bobl. Mae'r chwalfa o ran y lle yn adlewyrchu'r chwalfa ysbrydol sy'n cael ei ddisgrifio yn adnod 9. Fel rhai sy'n cael ein cynnal gan bob gair o enau Duw (Deuteronomium 8:3), mae dyddiau heb broffwydi yn ddyddiau tlawd eithriadol. Mae'r anobaith yma yn arwain Asaff i weiddi eto ar Dduw, "Pam yr wyt yn atal dy law, ac yn cuddio dy ddeheulaw yn dy fynwes?" Mae'n ymddangos fod Asaff yn teimlo fod Duw yn ddi-hid am gyflwr ei bobl, fel petai Duw a'i ddwylo'n ei boced! Tybed os ydym ni wedi teimlo fel hyn? Y mae gweddi yn le o barchedig ofn. Ond y mae yn le hefyd i'r Cristion siarad â Duw fel cyfaill. Yn wir, y mae Iesu yn ein hannog i weddïo braidd fel y mae Asaff yn ei wneud (Luc 11:5-10).

Gan ein bod yn medru edrych yn ôl ar hanes yr ydym yn gwybod fod yna ateb i gwestiwn Asaff yma, "Am ba hyd?" Daeth y gaethglud i ben ac adferwyd y bobl i'w gwlad. Mewn amser fe ddaeth y "wawrddydd oddi uchod i'n plith" (Luc 1:78) gyda dyfodiad y Meseia i wella clwyf pechod unwaith ac am byth. Tebyg mae'r awr dywyllaf yw'r awr cyn y wawr. Ond, wrth inni edrych am y wawr a gweld ein gelynion yn cael eu gorchfygu mae ffydd yn gweddïo, "am ba hyd?". Mae gweddi o'r fath yn cydnabod fod y dryllio a welwn yn ein tir ymhell o'r hyn y mae Duw'n ei fwriadu ar ein cyfer. Mae gweddi o'r fath yn pwyntio'n glir at y Diafol a'i gynllwynion gan gydnabod mae ef yw'r "un drwg". Mae'n alwad ar i Dduw i ymyrryd, ac i wneud hynny mewn ffordd sy'n amlygu'r ffaith nad oes neb ond ef yn medru gwneud hynny.

**SELA:** cymrwch eiliad i weddïo gyda hyder beiddgar y bydd Duw yn gweithredu. Gweddïwch mewn ffordd sy'n drech nac anghrediniaeth a difrawder i alw ar yr Arglwydd i ddatguddio ei hun yn ei nerth o fewn i sefyllfaoedd heriol ein cymunedau a'n tir.

DARLLENWCH Salm 74:12-17 yn araf ac yn llafar

Ond ti, O Dduw, yw fy mrenin erioed,
yn gweithio iachawdwriaeth ar y ddaear.
Ti, â'th nerth, a rannodd y môr,
torraist bennau'r dreigiau yn y dyfroedd.
Ti a ddrylliodd bennau Lefiathan,
a'i roi'n fwyd i fwystfilod y môr.
Ti a agorodd ffynhonnau ac afonydd, a sychu'r dyfroedd di-baid.
Eiddot ti yw dydd a nos,
ti a sefydlodd oleuni a haul.
Ti a ososdd holl derfynau daear,
ti a drefnodd haf a gaeaf.

Y mae hyd a lled y frwydr bellach wedi ei darlunio. Yr ydym wedi gweld preswylfa Duw yn cael ei ddinistrio, ac wedi cwrdd â'r gelynion sydd wedi peri'r dinistr. Bellach, dyma'r amser i'r Duw sy'n ymladd i ddod i ganol y darlun. Mae'r Salm yn awr yn newid cyfeiriad. O fod yn alarnad bellach mae'n gân o fawl hyderus. Mae'n galw i gof awdurdod hollalluog Duw yn y gwaith o greu (16-17), y gwaith o ddarparu (15), yng ngwaith iachawdwriaeth (12) ac yn ei fuddugoliaeth yn erbyn grymoedd drygioni (13-14). Mae cyfeirio at "Lefiathan" a "bwystfilod y môr" yn arbennig o arwyddocaol. Yr oedd Asaff yn byw drwy gyfnod o derfysg amlwg yn ei ddydd, ond ar yr un pryd y mae'n medru cydnabod fod gweithredoedd gwaelodol gelynion Duw yn rymoedd ysbrydol cyntefig. Brwydr ysbrydol yw gweddi, brwydr sy'n galw ar yr Arglwydd i orchfygu lluoedd Satan.

Er, wrth feddwl am weddi fel brwydr ysbrydol medrwn yn hawdd iawn syrthio i un o ddwy fagl ysbrydol. Mae'r maglau hyn yn cael eu disgrifio'n dda mewn dyfyniad o eiddo C.S. Lewis, "y naill yw peidio credu ym modolaeth lluoedd y diafol. Yr ail yw credu, ac i feddu diddordeb afiach a gormodol ynddynt."[11] Ceir cydbwysedd da iawn yn Salm 74. Gosodir grymoedd ysbrydol cyntefig drygioni ac anrhefn yn y darlun presennol o ymdrech Israel, ac nid oes unrhyw anghrediniaeth gyda golwg ar fodolaeth y diafol, nac unrhyw awgrym o anwybyddu ei fodolaeth chwaith. Ond gosodir y cyfan yng nghyd-destun brenhiniaeth, gallu, a buddugoliaeth Duw'r Creawdwr. Does yna neb sy'n medru gwrthsefyll ei rym. Ein hangen heddiw yw cael byw gydag ymwybyddiaeth glir o rymoedd drygioni yn ein tir, ond gydag ymwybyddiaeth glir o'n hyder yng ngrym Duw, y grym sy'n abl i orchfygu'r holl rymoedd drygionus.

**SELA:** cymrwch amser i gyhoeddi buddugoliaeth Duw dros rymoedd drygioni yn ein tir. Cyhoeddwch mai Iesu yw'r Iôr, mae Iesu yn fyw, bydd Iesu'n gorchfygu. Peidiwch â theimlo rheidrwydd i annerch grymoedd y diafol, y cyfan sydd ei angen yw cyhoeddi buddugoliaeth Iesu dros bopeth.

### DARLLENWCH Salm 74: 18-23 yn araf ac yn llafar

> Cofia, O ARGLWYDD, fel y mae'r gelyn yn gwawdio,
> a phobl ynfyd yn difrïo dy enw.
> Paid â rhoi dy golomen i'r bwystfilod,
> nac anghofio bywyd dy drueiniaid am byth.
> Rho sylw i'th gyfamod,
> oherwydd y mae cuddfannau'r ddaear yn llawn
> ac yn gartref i drais.

---

11 C.S. Lewis, *The Screwtape Letters*, HarperSanFrancisco, 1942

> Paid â gadael i'r gorthrymedig droi ymaith yn ddryslyd;
> bydded i'r tlawd a'r anghenus glodfori dy enw.
> Cyfod, O Dduw, i ddadlau dy achos;
> cofia fel y mae'r ynfyd yn dy wawdio'n wastad.
> Paid ag anghofio crechwen dy elynion,
> a chrochlefain cynyddol dy wrthwynebwyr.

Yn rhan olaf rhyfelgri Asaff cawn apêl uniongyrchol ar i Dduw amddiffyn ei achos, ei enw ei hun. Dyma'r hyn sy'n ganolog i Asaff wrth ystyried chwalfa pobl Dduw a'r chwalfa yn eu tir. Y mae'r rhain yn bod er clod i'w ogoniant ac i fod yn oleuni i'r cenhedloedd (Eseia 60). Pan mae'r rhain yn cael eu gwawdio, yn cael eu cywilyddio, daw hyn ac amarch i enw Duw. Bydd consyrn am ogoniant Duw bob amser yn arwain at weddïo angerddol dros harddu a sancteiddio ei eglwys.

Cawn ein hatgoffa felly i weddïo y bydd yr eglwys yn ein gwlad yn cynrychioli Duw mewn ffordd briodol. Pan ddaw'r gelyn i hau anghytgord, neu bechod, neu anghrediniaeth ymhlith pobl Dduw, mae hyn yn drasiedi, nid yn unig oherwydd yr effaith y mae'n ei gael ar y bobl, ond hefyd am y ffordd y mae hyn yn effeithio ar dystiolaeth yr eglwys yn y byd. Yr ydym yn anghyffredin o agored i ymosodiadau'r Diafol gyda golwg ar hyn, a ninnau fel colomennod yn wynebu bwystfilod (19). Y newyddion da yw bod y Llew o Lwyth Jiwda o'n plaid, yr un sydd am godi i'n hamddiffyn er ein daioni ni ac er ei ogoniant.

**SELA:** cymrwch eiliad i weddïo dros hygrededd yr eglwys. Gweddïwch y bydd arweinwyr eglwysi'n gwlad yn cael eu llenwi â ffydd, gobaith, a chariad. Gweddïwch y byddant yn cael eu cadw rhag cynllwynion yr un drwg.

*Salm 75*

# GWEDDÏO DROS GODI'R TLAWD

Perthyn grym anghyffredin i'r hyn fyddwn yn ei ddatgan, yr hyn yr ydym yn ei gyffesu â'r genau. Mae tystiolaeth yr Ysgrythur a phrofiad ein bywyd yn cyfuno i'n hatgoffa am rym y tafod (Iago 3:1-8). Rhywbeth sydd wedi ei wreiddio yn ein calonnau yw ffydd, ond mae'n cael ei fynegi drwy ein genau (Rhufeiniaid 10). Mae'r sylweddoliad hwn yn arbennig o berthnasol i'n bywyd gweddi. Bydd nifer sylweddol o'n gweddïau personol yn codi o fannau dwfn a dileferydd ein calonnau. Ond fel pobl, y mae popeth rhywfodd ynghlwm, ac wrth inni ddod a'n cyrff fwyfwy i'r weithred o weddïo bydd hyn yn peri fod lle gweddi yn cynyddu yn ein bywyd o ran ei realiti. Wrth agor ein genau a gwneud datganiad gweddigar o'r hyn sydd ar ein calon yr ydym yn ychwanegu pwysau at eiliad ein cyfarfyddiad â Duw. Mewn un ystyr yr ydym braidd yn rhyddhau rhywbeth ysbrydol i mewn i amgylchedd bywyd yn y byd. Fel offeiriaid yng Nghrist, perthyn inni'r fraint o ddatgan bendith Duw i mewn i fyd lle mae melltith pechod wedi ehangu ei ddylanwad.[12] Os oes angen ar ein cymunedau, yr angen hwnnw yw adnabod bendith Duw. Ac mae'r fendith o fewn gafael, yn barod i gael ei rhyddhau o enau llawn ffydd.

Yn Salm 75 mae Asaff yn cychwyn ei ddeisyfiad gyda datganiad cryf a ddaw yn ei dro yn thema ein gweddi. Ond, nid Asaff yw'r unig un sy'n datgan gwirioneddau yn y Salm hon, mae Duw yn gwneud hynny hefyd. Os perthyn rhywfaint o rym i'n datganiadau ni, perthyn grym anorchfygol i ddatganiadau Duw. Galwad ac ymateb o'r nefoedd i'r byd mewn perthynas â phroblem anghyfiawnder yw'r Salm. Oherwydd hyn mae'r Salm yn fath o weddi sydd i fod yn sail i'n gweddïau. Mae Iesu'n gweddïo am ryddhau cyfiawnder i mewn i'n cymunedau (Luc 18), ac mae Salm 75 yn ffurf o eiriau inni eu defnyddio i wneud hynny.

### DARLLENWCH Salm 75:1 yn araf ac ar lafar

Diolchwn i ti, O Dduw, diolchwn i ti;
y mae dy enw yn agos wrth adrodd am dy ryfeddodau.

Ceir cyfeiriadau mynych yn Salmau Asaff at gyflwr tywyll realiti ei bresennol, gan siarad yn aml am dir sydd wedi ei adael, am obaith yn pylu, ac am chwalfa a dinistr. Ond, yn Salm 75, er yn parhau i fyw yn y dyddiau yma, mae genau Asaff yn cyffesu realiti grymus a gwrthgyferbyniol: "O Dduw, diolchwn i ti; y mae dy enw yn agos". Yn ei hanfod mae Asaff braidd yn dweud, "efallai nad yw'n teimlo felly, ond drwy ffydd yr wyf am ddatgan fod Duw yn agos at y tir anial yma". Yn Feiblaidd gellir dweud fod enw Duw yn gyfystyr â phresenoldeb Duw. Wrth gyfarfod â Moses ar y mynydd gwelwn ei fod wedi disgyn mewn cwmwl, "a safodd yno gydag ef, a chyhoeddi ei enw, ARGLWYDD" (Exodus 34:5). Wrth addo i Solomon y byddai ei enw yn aros yn ei deml, mae'n mynd rhagddo i ddweud , "Yr wyf wedi dewis a sancteiddio'r tŷ hwn, i'm henw fod yno am byth; yno hefyd y bydd fy llygaid a'm calon hyd byth" (2 Cronicl 7:16). Mae dweud fod enw Duw yn agos yn gyffes fod ei bresenoldeb yn agos. Mae hyn felly yn ddatganiad anghyffredin o rymus i'w gyhoeddi dros ardaloedd lle mae'n ymddangos fel petai Duw yn absennol.

---

12 'far as the curse is found', *Joy to the World*, Isaac watts, 1719

Un ffordd o weddïo dros ddiwygiad yw canolbwyntio ar absenoldeb ymddangosiadol Duw. Ffordd arall o weddïo am ddiwygiad yw drwy ganolbwyntio ar ei bresenoldeb parhaus. Gellir dweud am Salm 74 fod y pwyslais ar absenoldeb Duw, ond mae Salm 75 yn ein harwain mewn gweddi o ddatgan ei bresenoldeb parhaus. Peth grymus yw gweddïo o fan lle yr ydym am gydnabod, hyd yn oed yng nghorneli mwyaf tywyll ein tir, fod Duw'n bresennol, yn gweithio y tu ôl i'r llen fel petai. Er nad ydym yn medru gweld yr hyn y mae'n ei wneud, er nad ydym yn glir am sut y mae'n gweithio, drwy ffydd yr ydym yn medru datgan fod ei enw yn agos. Wrth inni ddatgan hyn yr ydym ar yr un pryd yn galw ar Dduw i anfon negeswyr fydd yn cludo ei enw, enw Iesu i'r corneli tywyll yma yng Nghymru fel bod goleuni ei bresenoldeb yn dod yn gwbl hysbys yn yr ardaloedd hyn. (Actau 9:31)

**SELA:** Cymrwch eiliad i enwi enw Duw yn uchel a chlir dros yr ardaloedd hynny yng Nghymru sy'n ymddangos yn anialdir ysbrydol. Oedwch wedi enwi pob un gan weddïo'r cytgan canlynol bob tro, "Molwn Di o Dduw oherwydd mae dy enw yn agos". Er enghraifft: "Enw lle {oedi} .. Molwn Di o Dduw oherwydd mae dy enw yn agos." Treuliwch hynny o amser ac y tybiwch sy'n briodol gan ddatgan agosrwydd Duw at y llefydd yma sy'n ymddangos yn amddifad yn ysbrydol.

### DARLLENWCH Salm 75:2-8 yn araf ac ar lafar

> Manteisiaf ar yr amser penodedig,
> ac yna barnaf yn gywir.
> Pan fo'r ddaear yn gwegian, a'i holl drigolion,
> myfi sy'n cynnal ei cholofnau.
> Dywedaf wrth yr ymffrostgar, "Peidiwch ag ymffrostio",
> ac wrth y drygionus, "Peidiwch â chodi'ch corn;
> peidiwch â chodi'ch corn yn uchel
> na siarad yn haerllug wrth eich Craig."
> Nid o'r dwyrain na'r gorllewin
> nac o'r anialwch y bydd dyrchafu,
> ond Duw fydd yn barnu -

yn darostwng y naill ac yn codi'r llall.
Oherwydd y mae cwpan yn llaw'r ARGLWYDD,
a'r gwin yn ewynnu ac wedi ei gymysgu;
fe dywallt ddiod ohono,
a bydd holl rai drygionus y ddaear
yn ei yfed i'r gwaelod.

Wrth edrych o'i gwmpas mae Asaff yn gweld anghyfiawnder ar bob llaw. Mae anghyfiawnder yn un o ganlyniadau uniongyrchol y Cwymp wrth inni bellhau oddi wrth fyw i Dduw ein Brenin. Wrth bellhau mae hyn yn anochel yn anffurfio deinamig llesiant cymuned a fwriadwyd gan Dduw. Mae Cymru yn genedl lle mae anghyfiawnder fel hyn yn rhemp. Ar waethaf y da sy'n deillio o'r gyfundrefn les, banciau bwyd, sefydliadau elusennol ac ymyriadau gan y Llywodraeth, mae Cymru'n parhau i fod yn wlad sy'n adnabod anghyfartaledd a thlodi. Yn ôl adroddiad gan Lywodraeth Cymru yn 2020, yr oedd gan blentyn yng Nghymru "debygolrwydd o 13% o fod mewn tlodi parhaus rhwng 2016 a 2020".[13] Mae astudiaeth o 2023 yn disgrifio sut y mae 28% o blant Cymru yn byw mewn tlodi cymharol.[14] O agor ein llygaid yn weddigar tuag at ein pentrefi, trefi a dinasoedd, un o'r pethau y byddwn yn ei weld yn amlwg yw'r patrwm hwn o ddynoliaeth wedi ei dorri yn ail-adrodd ei hun yn ein tir, gyda'r balch a'r cyfoethog yn ymddyrchafu ar draul yr isel a'r tlawd.

Nid pwrpas cyfeirio at yr ystadegau hyn yn y cyd-destun yma yw ennyn rhyw ddyfalu gwleidyddol neu i arwain at weithgarwch di-gyfeiriad. Cawn ein hatgoffa gan Salm 75 fod consyrn am ddiwygiad yn ein tir i gyd fynd â chonsyrn am gyfiawnder. Mae ein dyhead am weld Duw, Brenin y greadigaeth, brenin go iawn Cymru, yn dod yn agos, yn ddyhead i weld Duw, ein Brenin yn darostwng y balch ac yn codi'r tlawd (7). Mewn Salm arall o eiddo Asaff (84), mae Duw yn llefaru'n glir yn y cyd-destun hwn. "Rhowch ddedfryd o blaid y gwan a'r amddifad, gwnewch gyfiawnder â'r truenus a'r diymgeledd. Gwaredwch y gwan a'r anghenus, achubwch hwy o law'r drygionus."

---

13 Gellir dod o hyd i ystadegau yma: https://www.gov.wales/persistent-poverty-2020

14 Gellir dod o hyd i ystadegau yma: https://senedd.wales/senedd-now/news/wales-needs-a-dedicated-minister-to-tackle-child-poverty/

Wrth edrych o'i gwmpas mae Asaff yn gweld anghyfiawnder. Ond, mae am wrando ar y nefoedd, ac oddi yno mae'n clywed llais Duw yn dweud, "barnaf yn gywir" (2). Mae Asaff yn datgan fod Duw yn agos, tra bod Duw yn datgan, pan fydd yn cyrraedd mewn grym, mae'n dod i unioni a sefydlu cyfiawnder. Yn rhyfeddol, mae Duw, hyd yn oed yn awr yn atal grym drygioni, gan ddiogelu fod cymdeithas ddim yn cael ei llyncu gan ansefydlogrwydd (3; a gweler Hebreaid 1:3). Ei ddyhead yw sefydlu cyfiawnder unwaith ac am byth. Ymateb i air Duw yw ein gweddi. Yn yr adnodau hyn cawn olwg ar Dduw yn rhannu ei galon o blaid cyfiawnder. Sut y gwnawn ni ymateb tybed?

***SELA:*** cymrwch eiliad i eiriol dros dlodi yng Nghymru. Gweddïwch y bydd Duw yn codi pobl sydd am blannu eglwysi newydd fydd wedi eu harfogi a'u rhyddhau i sefydlu gwaith arloesol o blaid yr Efengyl mewn ardaloedd o dlodi, ardaloedd sydd wedi eu hesgeuluso. Efallai eich bod am ddychwelyd i'r mannau enwyd yn ystod y cyfnod cyntaf o weddi, gan ofyn i Dduw i sefydlu ei deyrnas o gyfiawnder yno yn benodol drwy blannu a chryfhau eglwysi.

### DARLLENWCH Salm 75:9-10 yn araf ac ar lafar

Ond clodforaf fi am byth,
a chanaf fawl i Dduw Jacob,
am ei fod yn torri ymaith holl gyrn y drygionus,
a chyrn y cyfiawn yn cael eu dyrchafu.

Mae'n bosibl fod y tir yn llawn anghyfiawnder. Efallai fod y drygionus yn sathru ar y rhai sy'n cael eu gorthrymu. Efallai fod y balch yn ymffrostio yn eu mawredd. Ond, mae agwedd Asaff yn adlewyrchu agwedd holl bobl Dduw mewn tir sydd wedi ei ddryllio; "Ond clodforaf fi am byth" (9). Peth rhwydd iawn yw mynd gyda llif ein diwylliant, ond, 'nid felly ni' yw cyffes pobl Dduw. Gelwir ni i wrthsefyll yn fwriadol dywyllwch y byd hwn. Un o'r ffyrdd o wrthsefyll yw drwy glodfori yn eofn, a tra bod y byd yn boddi yn ei wrthryfel, pobl mawl yw pobl Dduw. Os yw'r byd yn colli gobaith oherwydd gorthrwm, yr ydym am fod yn bobl gobaith. Mewn byd sydd wedi ei rwydo yng nghylchdro anghyfiawnder, yr ydym am ymlynu wrth yr Arglwydd, yr un sy'n cyhoeddi, un diwrnod y bydd popeth yn cael ei adfer (10). Dyma'r gair olaf yn y weddi yma, gydag Asaff yn cloi gyda chân o fawl a galwad i weithgarwch. O gychwyn yn ystafell ddirgel gweddi mae'r Salm yn gorffen gyda bendith a chyfiawnder yn llifo i bob rhan o'n cymunedau lle mae'r colledig anafus a'r rhai drylliedig yn galw'n daer.

Mae esiampl Asaff yn ein hatgoffa fod gweddïo am gyfiawnder yn y tir yn golygu dal yn agos at ddau realiti sy'n ymddangos yn wrthgyferbyniol: cyflwr ein cymunedau a theyrnasiad Duw. Mewn gweddi yr ydym yn codi angen ein cymunedau o flaen gorsedd Duw, ac yna yn ein bywydau, yr ydym yn ceisio cyflwyno teyrnasiad Duw i mewn i angen ein cymunedau. Mae gweddïo am ddiwygiad a cheisio cyfiawnder yn cerdded ynghyd. Yn wir, mae'r undod yma yn dod i'w benllanw yn yr 'Asaff go iawn', y Dyn ddaeth a'r enw yn agos, yr Iesu, yr un sy'n galw ei bobl i waith cudd gweddi am ddiwygiad (Mathew 6:10), a'r gwaith cyhoeddus o geisio cyfiawnder (Mathew 5:6).

**SELA:** cymrwch eiliad i ofyn i Dduw am y cyfle i sefyll dros gyfiawnder heddiw. Disgwyliwch ym mhresenoldeb yr Arglwydd er mwyn gweld os bydd yn eich herio i roi eich hun, yn ariannol, o ran amser, neu mewn geiriau, at achos penodol sy'n agos at ei galon. Wrth gloi eich gweddi, codwch gyda'r hyder fod y Duw yr ydym wedi ei geisio yn awr yn barod i gyd-gerdded â ni, mae ei enw yn agos, a bydd yn ein galluogi i gludo ei bresenoldeb i mewn i'n cymunedau anghenus heddiw.

## Salm 77

# GWEDDÏO AM ATGYFODIAD GRYM

Digwyddiad cymunedol yw gweddi, hyd yn oed gweddi breifat. Pan ddysgodd Iesu i'w ddisgyblion i weddïo, y gair cyntaf o'i enau oedd "Ein". Yn ein cymdeithas unigolyddol yr ydym yn ymarferol braidd yn cyfnewid hynny am "Fy". Nid nad yw gweddi bersonol yn anhepgor, a gobeithio fod yr astudiaethau hyn wedi cadarnhau'r gwirionedd hwnnw, ond nid yw gweddi yn beth unigolyddol. Hyd yn oed pan fyddwn yn gweddïo ar ben ein hunain, yr ydym yn gweddïo fel rhan o gymuned pobl Dduw, yn ein heglwys leol, ar draws y cenedlaethau, ar draws y byd. Yr ydym yn gweddïo, "Ein Tad, yr hwn wyt yn y nefoedd" fel tyrfa o feibion a merched sydd wedi eu prynu gan waed Iesu, fel chwiorydd a brodyr yn nheulu Duw. Mae ein llais yn un o filiynau o leisiau sy'n dod o flaen gorsedd gras gyda'i gilydd. Un o oblygiadau'r agwedd gyfunol hon ar weddi yw'r modd y medrwn gynorthwyo ein gilydd yn y gwaith yma. O deimlo fod bywyd yn ormod, cawn ofyn i eraill i weddïo drosom. Os am brofi mwy o ffydd, cawn weddïo ochr yn ochr ag eraill sy'n credu. Hyd yn oed pan nad oes gennym syniad sut i weddïo mewn rhyw sefyllfa, cawn fenthyg gweddïau ein brodyr a'n chwiorydd.

Mae'n ymddangos mae hyn sy'n digwydd yn Salm 77. Ceir awgrym cynnil yn nheitl y Salm. Yr ydym wedi arfer gyda'r teitl, "I Asaff" er mwyn dynodi awduraeth, ond y tro hwn cawn yr ychwanegiad, "ar Jeduthun". Tystiolaeth weddol brin sy'n y Beibl yn cyfeirio at Jeduthun, gan nodi'n unig ei fod yn un oedd yn cydarwain gydag Asaff yn Nhabernacl Dafydd (1 Cronicl 16:41-42 a 2 Cronicl 33:15). Y mae hyn yn awgrymu dau gefndir posibl gyda golwg ar ysgrifennu'r Salm, nail ai fod Asaff wedi ysgrifennu'r gân ac yna ei rhoi i Jeduthun i drefnu cerddoriaeth ar ei chyfer i arwain pobl Dduw mewn mawl, neu fod Asaff wedi ei hysgrifennu a'i rhoi i Jeduthun ar gyfer defnydd personol. O gymryd y dewis cyntaf, cawn ein hatgoffa fod y gweddïau hyn yn gymaint o rodd inni, a'r angenrheidrwydd o ddiogelu ein bod yn gwneud yn fawr ohonynt fel tanwydd i'n bywyd gweddi. O feddwl am yr ail ddewis, cawn ein hatgoffa fod yna sefyllfaoedd yn ein bywyd lle y mae arnom angen eraill i ddod ochr yn ochr â ni, gan fenthyg geiriau gweddi inni. Wrth ddarllen Salm 77, rwy'n cael fy nhemtio i gredu mai'r ail ddewis sydd yn gefndir i awduraeth y Salm, o leiaf ar y cychwyn. A yw natur bersonol y Salm hon yn awgrymu fod Jeduthun yn cerdded drwy gyfnod anodd yn ei fywyd ffydd? A yw'n bosibl fod Asaff yn defnyddio'r ddawn gafodd gan Dduw i fendithio brawd oedd mewn angen drwy ddarparu geiriau iddo yn awr ei angen? Mae meddwl fel hyn yn fy llenwi ag ymwybyddiaeth o ddiolchgarwch.

Beth bynnag am gefndir y Salm, mae'n un o'r gweddïau harddaf o eiddo Asaff, gan ei bod yn annerch dyfnder dioddefaint dynol, uchder ffyrdd sanctaidd Duw, a gobaith yn ffyrdd Duw o weithredu. Mae'n gymorth parod inni mewn gweddi dros adfywiad personol a diwygiad cyffredinol.

**DARLLENWCH Salm 77:1-9 yn araf ac ar lafar**

> Gwaeddais yn uchel ar Dduw,
> yn uchel ar Dduw, a chlywodd fi.
> Yn nydd fy nghyfyngder ceisiais yr Arglwydd,
> ac yn y nos estyn fy nwylo'n ddiflino;
> nid oedd cysuro ar fy enaid.
> Pan feddyliaf am Dduw, yr wyf yn cwyno;
> pan fyfyriaf, fe balla f'ysbryd.

Cedwaist fy llygaid rhag cau;
fe'm syfrdanwyd, ac ni allaf siarad.
Af yn ôl i'r dyddiau gynt
a chofio am y blynyddoedd a fu;
meddyliaf ynof fy hun yn y nos,
myfyriaf, a'm holi fy hunan,
"A wrthyd yr Arglwydd am byth,
a pheidio â gwneud ffafr mwyach?
A yw ei ffyddlondeb wedi darfod yn llwyr,
a'i addewid wedi ei hatal am genedlaethau?
A yw Duw wedi anghofio trugarhau?
A yw yn ei lid wedi cloi ei dosturi?"

Nid oes teimlad fawr gwaeth nac ymwybyddiaeth ein bod wedi ein hanghofio, neu fod rhywun wedi edrych heibio inni. Fel dynoliaeth mae yna ddyhead am gael ein gweld, cael ein hystyried, dros adnabod gofal. Ond mi fydd pob un ohonom o bryd i'w gilydd yn medru uniaethu gyda geiriau adnodau 8-9, "A yw ei ffyddlondeb wedi darfod yn llwyr, a'i addewid wedi ei hatal am genedlaethau? A yw Duw wedi anghofio trugarhau?" Wrth edrych o amgylch ein tir ac edrych ar ein bywyd ein hunain braidd, "fe'm syfrdanwyd, ac ni allaf siarad." Daw hyn yn arbennig o wir os bu dyddiau o fendith anghyffredin yn ein gorffennol. Cawn ddisgrifiad gan Asaff o feddyliau'r nos (6), geiriau sydd braidd yn awgrymu'r ymdrech i ddal ati mewn ffydd mewn cyfnod o dywyllwch. Ond yn y sefyllfa fel y mae, y cyfan sy'n digwydd yn y nos yw'r math o ofid na all neb gynnig ei gysuro (2).

Ond, dyma ble mae gweddi yn cartrefi. Pan mae bywyd yn profi i fod yn ofid, yn brofiad ffwndrus, yn y lle hwnnw mae gweddi yn dweud "gad i mi siarad". Nid bod yn goeth yw grym gweddi. A dweud y gwir, mae'r cyfeiriad cyntaf at weddi yn y Beibl yn perthyn i'r math hwn o gyd-destun. Mewn byd oedd yn prysur ddadfeilio, yn llawn trais ac anghyfiawnder, cawn y geiriau hyn yn Genesis 4:26, "Yr amser hwnnw y dechreuwyd galw ar enw'r ARGLWYDD." Mae cyflwyniadau cyntaf yn bwysig gan eu bod yn gosod allan disgwyliadau, ac yn rhoi man inni ddychwelyd yn ôl iddo, ac yn fodel inni wrth fynd yn ein blaen. Beth felly sydd i ddysgu o'r weddi gyntaf yma? Yn syml, fe ddysgwn fod gweddi yn codi fel cri o obaith o dir anial. Mae gweddi yn aml yn codi o sefyllfa o anrhefn, ac yn aml yn codi fel cri. Meddyliwch am y cysur y mae hyn yn ei gynnig i'r rhai sy'n wylo nawr, medrwn godi ein dwylo at Dduw ac adnabod y profiad o weddi go iawn. Y mae hyn hefyd yn her i'r rhai ohonom sy'n teimlo'n gyffyrddus ar y funud, oherwydd medrwn ofyn i Dduw anfon ei Ysbryd Glân i ddysgu inni weddïo'n angerddol ac yn onest, gan ddisodli unrhyw ddifaterwch neu ragrith.

**SELA:** cymrwch eiliad i ymlonyddu ac ystyried pa emosiwn sydd flaenaf yn eich meddwl y funud yma. Os ydych yn flin, dewch â'r teimlad at Dduw mewn cri o gŵyn. Os gwarth, dewch ag ef at Dduw mewn cri o gyffes. Os llawenydd, dewch ag ef at Dduw mewn cri o fawl. Os galar, dewch ag ef at Dduw mewn cri o alarnad.

### DARLLENWCH Salm 77:10-14 yn araf ac yn llafar

> Yna dywedais, "Hyn yw fy ngofid:
> A yw deheulaw'r Goruchaf wedi pallu?"
> "Galwaf i gof weithredoedd yr ARGLWYDD,
> a chofio am dy ryfeddodau gynt.
> Meddyliaf am dy holl waith,
> a myfyriaf am dy weithredoedd.
> O Dduw, sanctaidd yw dy ffordd;
> pa dduw sydd fawr fel ein Duw ni?
> Ti yw'r Duw sy'n gwneud pethau rhyfeddol;
> dangosaist dy rym ymhlith y bobloedd.

I ble'r awn wrth deimlo'n anobeithiol? Ymhle y mae gobaith newydd i roi tanwydd i'n gweddïau fel ein breuddwydion? Cawn yr ateb yn Salm 77:10. Yn ôl cyfieithiad Saesneg yr ESV, "I will appeal to this, to the years of the right hand of the Most High".

Pan fydd tîm chwaraeon mewn lle cyfyng neu yn wynebu cyfle arbennig, bydd yr hyfforddwyr yn aml yn ochri o blaid profiad wrth ddewis chwaraewyr. Yr oedd Warren Gatland, hyfforddwr rygbi Cymru am y rhan fwyaf o'r blynyddoedd diwethaf, yn tueddu i droi at rai oedd wedi cael profiad helaeth ar yr adegau mwyaf allweddol. Beth yw'r cymhelliad? Mae'n apelio at 'flynyddoedd deheulaw' George North, Alun Wyn-Jones a Talupe Faletau! Mae'n seilio ei obeithion am lwyddiant yn y dyfodol ar brofiad y rhai sydd wedi llwyddo yn y gorffennol. Dyma ddarlun o beth yw gweddi. Nid saethu rhyw fflachiadau i gyfeiriad y nefoedd yn ddi-gyfeiriad, gan obeithio y byddwn yn taro'r targed oherwydd inni weddïo. I'r gwrthwyneb, mae yma apêl at yr hyn y mae deheulaw Duw wedi ei gyflawni yn y gorffennol, ei weithredoedd, ei wyrthiau, mawredd ei waith. Pan fo popeth yn edrych yn anobeithiol, nid gobeithio am lwc well fyddwn ni, nid rhyw obeithio'r gorau chwaith. Mae ein gobaith ni yn hanes ffyddlondeb Duw, y cofnod mewn hanes o'r ffordd y mae Duw wedi gwared ei bobl yng nghanol eu hangen.

***SELA:*** cymrwch eiliad i apelio at flynyddoedd deheulaw'r Goruchaf yn eich bywyd. Cofiwch yr hyn a wnaeth drosoch. Addolwch ef am ryfeddod y gwaith yma. Yna, defnyddiwch y cof fel tanwydd i'ch cais y bydd yn gweithio eto mewn ffordd debyg ym mywydau'r rhai sydd mewn angen yn eich bywyd ac yn eich gwlad heddiw.

### DARLLENWCH Salm 77:15-20

> Â'th fraich gwaredaist dy bobl,
> disgynyddion Jacob a Joseff.
> Gwelodd y dyfroedd di, O Dduw,
> gwelodd y dyfroedd di ac arswydo;
> yn wir, yr oedd y dyfnder yn crynu.
> Tywalltodd y cymylau ddŵr,
> ac yr oedd y ffurfafen yn taranu;
> fflachiodd dy saethau ar bob llaw.
> Yr oedd sŵn dy daranau yn y corwynt,
> goleuodd dy fellt y byd;
> ysgydwodd y ddaear a chrynu.

Aeth dy ffordd drwy'r môr,
a'th lwybr trwy ddyfroedd nerthol;
ond ni welwyd ôl dy gamau.
Arweiniaist dy bobl fel praidd,
trwy law Moses ac Aaron."

Bellach daw'n eglur fod deall Asaff yn cael ei ffurfio gan hanes yr Exodus, ac nid yw ar ben ei hun yn hyn o beth. Dyma'r digwyddiad ffurfiannol yn hunaniaeth Israel, ac yn wir, y mae Duw yn gosod hyn fel sail ei orchmynion i'w bobl gyda golwg ar eu bywyd; "Myfi yw'r ARGLWYDD dy Dduw, a'th arweiniodd allan o wlad yr Aifft, o dŷ caethiwed." Os oedd y bobl yn deall eu hunain yn iawn, yr oeddent yn deall mae pobl wedi eu hachub oeddent. Does ryfedd felly ein bod yn darganfod yma yn eu llyfr emynau fod awduron fel Asaff yn dychwelyd yn gyson at y dydd pan "welodd y dyfroedd di ac arswydo", pan arweiniodd Duw ei bobl ar lwybr drwy'r môr (16 a 19).

Mae cofio'r Exodus yn hwyluso ein gweddïau mewn dwy ffordd wrth inni alw ar Dduw i adfywio ei waith yn ein dydd. Yn gyntaf, mae'n atgof o rym a ffyddlondeb y Duw yr ydym yn ei geisio. Mewn dyddiau o ddirywiad mae ein hangen am Dduw sydd i'w glywed yn sŵn ei daranau (18). Ond mae'r ail reswm yr un mor bwysig. Mae hanes yr Exodus yn ddarlun parhaol o'r ffordd y mae Duw yn gweithio o blaid ei bobl. Y mae'n wastad yn gweithio drwy'r nerth sydd ynddo er iachawdwriaeth ei bobl (15). Yr ydym yn gwybod hyn, nid yn unig oherwydd bod Asaff ac awduron eraill yn yr Hen Destament yn ail-adrodd hyn yn barhaus. Yr ydym yn gwybod hyn drwy dystiolaeth Iesu Grist, yr un ddisgrifiodd ei farwolaeth a'i atgyfodiad fel yr Exodus newydd. (Luc 9:31). Trwy Iesu cawn adnabod grym Exodus yn ein bywydau ac ym mywyd ein cymunedau. Dyma atgof fod ein holl weddïau yn cael eu cyflwyno ar sail y gobaith sydd yn yr atgyfodiad. Ar y diwrnod hwnnw yn hanes y byd, cyflawnwyd y fath weithred wyrthiol yn hanes dynoliaeth fel na allwn wneud dim ond rhyfeddu. Ond nid gwyrth sy'n ein synnu yn unig yw hon, mae'n wyrth sydd yn cynnig patrwm inni, patrwm o'r Duw sydd bob amser ar waith i achub ei bobl (15). Hyd yn oed yn y nos dywyllaf, ein gobaith yw bod Duw yn gweithio ym mhopeth er daioni i'r rhai sy'n ei garu (Rhufeiniaid 8:28), a'i fod yn gwneud hynny gyda'r un grym gododd Iesu o farw yn fyw (Rhufeiniaid 8:11).

Tybed a brofodd Jeduthun rhyw fath o exodus wrth weddïo a chanu geiriau Asaff. Tybed os byddwn ninnau yn profi'r un peth wrth weddïo mewn ffydd heddiw.

***SELA:*** cymrwch eiliad i weddïo am gael adnabod grym atgyfodedig Crist ar waith yn nyfnder tywyllwch a marwolaeth eich cymuned.

# Salm 79
# GWEDDÏO DROS LEOEDD ANIAL

Beth sydd i'w wneud pan mae'n ymddangos eich bod wedi colli'r cyfan? Beth sydd i'w wneud pan mae eich tir wedi ei reibio, eich lleoedd sanctaidd wedi eu halogi, eich cartref yn furddun? Beth sydd i'w wneud pan fo eich seiliau wedi eu hysgwyd a'ch bywyd yn destun gwawd i bawb o'ch cwmpas.

Dyma'r cwestiynau sydd ar flaen meddwl cynifer ohonom heddiw. Cawsom ein llyncu gan alar, ein goddiweddyd gan ein sefyllfa argyfyngus, ac yn hynny, mae geiriau Salm 79 braidd fel rhodd gyda'n henw ni wedi ei ysgrifennu arni.

I eraill, mae'r math hyn o gwestiynau'n ymddangos ymhell iawn o realiti eu bywyd. I'r rhain, mae rhywbeth cyffyrddus am eu bywydau, braidd bod yna deimlad fod bywyd yn dda, felly mae geiriau sy'n disgrifio dinas hynafol yn cael ei chwalu yn teimlo fel geiriau sy'n iselhau ein hwyliau, yn torri ar draws ein bodlonrwydd. Ond mae geiriau Salm 79 yn fwy perthnasol nag y byddem yn tybio os oes yna ofid dros sefyllfa'r Efengyl yng Nghymru heddiw ar ein calon. Nid ydym wedi wynebu ymosodiad gan genhedloedd eraill yn ddiweddar, ond mae yna ymosodiadau ar ein heglwysi, yn benodol, yr un sy'n deillio o ddifaterwch ysbrydol. Efallai nad yw ein capeli yn furddun eto, ond mae'r lleihad mewn nifer, lleihad sy'n cyflymu dros sawl cenhedlaeth yn peri fod hyn yn bosibilrwydd cryf. Efallai na fyddem yn disgrifio ein hunain fel pobl sy'n destun gwawd, ond mae llawer ohonom sy'n dilyn Iesu yn gwybod sut y mae hynny yn ein gwneud yn gynyddol amherthnasol yng ngolwg pobl ac yng ngolwg ein gweithle seciwlar. Mae geiriau'r Salm yn disgrifio'n farddonol y gaethglud ddigwyddodd oddeutu 587CC. Canlyniad hyn oedd colli calon ysbrydol y genedl. I'r rhai sydd â llygaid i weld, gwelwyd colled debyg yng Nghymru dros y cenedlaethau diwethaf hyn. Mae tir oedd yn llawn o sain moliant i'r Iesu bellach yn tystio i nos dywyll ein dirywiad. Mewn tir lle'r oedd cymunedau ffydd ym mhob cymuned, bellach mae'r cymunedau eu hunain yn wynebu dyfodol diffaith a gwag. Mae amryw o drefi a phentrefi yng Nghymru bellach yn ddim mwy nac adfeilion yn ysbrydol.

Gadewch imi felly ddod yn ôl at y cwestiwn ar y dechrau. Beth sydd i'w wneud pan mae'n ymddangos eich bod wedi colli'r cyfan? Yr ateb gawn gan y Salmydd yw, gweddïo. Yr ydym i blygu ar ein gliniau a galw ar y Duw sy'n cadw ei gyfamod, gan erfyn arno i'n hadfywio eto. Er mawr dristwch, nid dyma fu ateb pobl Dduw yng Nghymru bob amser. O bryd i'w gilydd mae hyn yn ganlyniad i ddiffyg sylweddoliad o ddifrifoldeb ein sefyllfa. Bellach y mae cenedlaethau wedi eu magu mewn dyddiau o ddirywiad i'r graddau fod yr anialwch ysbrydol yn rhywbeth yr ydym yn ei weld fel peth arferol. Y mae Salm 79 yn rhodd arbennig inni oherwydd bod y geiriau brawychus yma yn gymorth gobeithio i'n hysgwyd, ac yn ein gorfodi i godi cri dros gyflwr ein gwlad.

**DARLLENWCH Salm 79:1-7 yn araf ac ar lafar**

> O Dduw, daeth y cenhedloedd i'th etifeddiaeth,
> a halogi dy deml sanctaidd,
> a gwneud Jerwsalem yn adfeilion.
> Rhoesant gyrff dy weision
> yn fwyd i adar yr awyr,
> a chnawd dy ffyddloniaid i'r bwystfilod.

> Y maent wedi tywallt gwaed fel dŵr
> o amgylch Jerwsalem,
> ac nid oes neb i'w claddu.
> Aethom yn watwar i'n cymdogion,
> yn wawd a dirmyg i'r rhai o'n cwmpas.
> Am ba hyd, ARGLWYDD? A fyddi'n ddig am byth?
> A yw dy eiddigedd i losgi fel tân?
> Tywallt dy lid ar y cenhedloedd
> nad ydynt yn dy adnabod,
> ac ar y teyrnasoedd
> nad ydynt yn galw ar dy enw,
> am iddynt ysu Jacob
> a difetha ei drigfan.

Oes yna weddi sydd bob amser yn agos atoch, rhyw gymal sy'n ffrwydro o'ch enaid pan ddaw Duw neu eich angen i'r meddwl? Bellach yr ydym yn dechrau cyfarwyddo â hoff weddi Asaff, "Pa hyd?". Dyma ddyn oedd yn byw mewn dau fyd, byd teyrnas Dduw lle y mae Duw yn teyrnasu mewn cyfiawnder adferol a byd ei ddydd, lle y mae ond yn medru gweld dinistr ac anrhefn. "Pa hyd?", yw'r weddi y byddwn yn ei gweddïo yn y bwlch rhwng y ddau begwn yma. "Pa hyd?" yw'r weddi a weddïwn rhwng yr hyn sydd a'r hyn sydd i ddod. Dyma ein dyhead creiddiol, y dyhead i weld teyrnasiad Duw yn dod â phopeth yn ôl i'w drefn. Rhywbeth sy'n pontio'r bwlch rhwng yr hwn yw Duw a'r hyn yw'r byd yn ein golwg yw gweddi. Mewn gweddi yr ydym yn sefyll rhwng byd syrthiedig a'n Duw ffyddlon. Wrth weddïo yr ydym yn estyn y llaw chwith tuag at yr angen ar chwalfa sydd o'n cwmpas, tra ar yr un pryd yn estyn ein deheulaw tuag at y fendith, yr adfer sydd yn parhau'n bosibl o law Duw.

Daw hyn fel atgof parhaus inni, os ydym am fod yn gyson ac yn nerthol mewn gweddi, rhaid wrth gyswllt agos ag angen ein tir a digonolrwydd teyrnasiad Duw. Yr oedd Karl Barth yn annog pregethwyr i bregethu gyda phapur newydd yn y naill law a Beibl yn y llall. Rhaid wrth eiriolwyr sy'n eiriol fel hyn. Yr oedd yna weddi gyffelyb yn hanes y saint yn y Testament Newydd, "maranatha!" (1 Corinthiaid 16:22). Yn llythrennol yr ystyr yw, "tyrd Arglwydd!". Tybed os ydym wedi colli rhywbeth o'r hiraeth hwn? A yw cyflwr ysbrydol Cymru braidd a'n goddiweddyd? Neu, a ydym yn byw gyda rhyw ymwybyddiaeth ffug o fuddugoliaeth sy'n anwybyddu'r angen? A ydym wedi colli ein hyder yn y Duw sy'n abl i unioni ac adfer, neu a ydym yn credu'r addewid, ond heb ei chymhwyso i'n gweddïau dros ein cenedl? Gadewch inni ddysgu yng nghwmni Asaff a'r eglwys fore i weddïo, "maranatha" unwaith eto.

**SELA:** cymrwch eiliad i wneud rhestr weddi "pa hyd". Os yw o gymorth, estynnwch bensil a darn o bapur a gwneud y canlynol: rhestrwch ar un ochr y papur yr anghenion yr ydych yn eu hadnabod o'ch cwmpas yng Nghymru, ac yna rhestri addewidion Duw ar yr ochr arall. Cychwynnwch weddïo "pa hyd" dros y ddwy ochr, e.e., *Pa hyd fydd rhaid aros am dystiolaeth fyw i'r Efengyl yn* _____*? Pa hyd cyn iti dywallt dy Ysbryd ar bob cnawd yn*_____*? Am ba hyd y bydd y tlodion yn* _____ *yn cael eu gorthrymu? Pa hyd cyn iti adfywio dy eglwys yn* _____*?*

**DARLLENWCH Salm 79:8-12 yn araf ac yn llafar**

> Paid â dal yn ein herbyn ni ddrygioni ein hynafiaid,
> ond doed dy dosturi atom ar frys,
> oherwydd fe'n darostyngwyd yn llwyr.
> Cymorth ni, O Dduw ein hiachawdwriaeth,
> oherwydd anrhydedd dy enw;
> gwared ni, a maddau ein pechodau
> er mwyn dy enw.
> Pam y caiff y cenhedloedd ddweud,
> "Ple mae eu Duw?"
> Dysger y cenhedloedd yn ein gŵydd
> beth yw dy ddialedd am waed tywalltedig dy weision.
> Doed ochneidio'r carcharorion hyd atat,
> ac yn dy nerth mawr arbed y rhai oedd i farw.
> Taro'n ôl seithwaith i'n cymdogion, a hynny i'r byw,
> y gwatwar a wnânt wrth dy ddifrïo, O Arglwydd.

O bryd i'w gilydd pan fyddaf yn dod adref heb fy allweddi a minnau yn gwybod bod fy ngwraig yn y tŷ, byddaf yn defnyddio amryw dactegau i roi gwybod fy mod yno ac angen iddi agor y drws, (sydd gyda llaw yn ddigon o boen i'm gwraig). Byddaf yn cychwyn drwy gnocio'r drws cyn symud ymlaen at ganu'r gloch, siarad drwy'r blwch llythyrau a hyd yn oed taflu cerrig mân at y ffenestr o bryd i'w gilydd! Mae fy angen am weld fy sefyllfa yn newid yn cael ei fynegi mewn amryw o ffyrdd. Y mae hyn yn ddarlun o weddi Asaff (ac o weddi Iesu yn Luc 11).

Wedi gosod yr angen gerbron mae'r Salmydd yn troi i ofyn am gymorth Duw. Yn yr achos hwn, mae'n pentyrru cais ar gais, y cyfan gyda'i gilydd yn gofyn mewn amrywiaeth o ffyrdd i Dduw newid pethau. Mae hyn yn arbennig o ddefnyddiol i ni wrth weddïo yng Nghymru heddiw. O bryd i'w gilydd byddwn yn rhedeg allan o ynni wrth weddïo'n ddyfal gan nad oes gennym yr arfau digonol o ran eiriol i sicrhau parhad ein gweddïau. Mae Salm 79:8-12 yn llawn o arfau defnyddiol i'w defnyddio i weddïo dros ddiwygiad yn ein tir....

- 'Paid â dal yn ein herbyn ni ddrygioni ein hynafiaid,' - cyffeswch bechodau'r cenedlaethau aeth o'n blaen, ond gofynnwch i Dduw i wneud gwaith newydd yn ein dydd.

- 'ond doed dy dosturi atom ar frys, oherwydd fe'n darostyngwyd yn llwyr.' - fel y mab afradlon yn rhedeg yn ôl at ei dad (Luc 15:11-32), gofynnwch i Dduw ddod yn fuan i'n cynorthwyo ar sail ei gariad rhad.

- 'Cymorth ni, O Dduw ein hiachawdwriaeth, oherwydd anrhydedd dy enw; gwared ni, a maddau ein pechodau er mwyn dy enw.' - gofynnwch i Dduw i ddiogelu ei anrhydedd drwy ddatguddio ei hun fel y Duw sy'n hael ei gymorth, yn maddau'n ddi-ben-draw. Gofynnwch i Dduw i arddangos ei ras drwy fod yn hael at ein heglwysi a'n tir, a hynny ar waethaf amlder ein pechodau.

- 'Pam y caiff y cenhedloedd ddweud, "Ple mae eu Duw?" Dysger y cenhedloedd yn ein gŵydd beth yw dy ddialedd am waed tywalltedig dy weision.' - apeliwch at ddyhead amlwg Duw i gael ei adnabod ymhlith y cenhedloedd (Eseciel 39:7). Gofynnwch iddo arddel gwasanaeth ei bobl drwy weithio o'u plaid.

- 'Doed ochneidio'r carcharorion hyd atat, ac yn dy nerth mawr arbed y rhai oedd i farw.' - lle mae pobl Dduw yn wynebu sefyllfaoedd anodd sydd bron a'u goddiweddyd, gofynnwch i Dduw roi gras cynhaliol, yn arbennig felly ar gyfer eglwysi sydd â chalon dros yr Efengyl, ond yn wynebu tranc.

- 'Taro'n ôl seithwaith i'n cymdogion, a hynny i'r byw, y gwatwar a wnânt wrth dy ddifrïo, O Arglwydd.' - gofynnwch i Dduw i ddrysu holl gynllwynion y Diafol.

Curwch y drws. Canwch y gloch. Gweiddwch drwy'r blwch postio. Taflwch garreg at ffenestr y nefoedd! Mae Duw wedi rhoi gweddïau fel Salm 79 inni er mwyn ein cynorthwyo i ddyfalbarhau i weddïo y bydd ein tir anial yn cael ei adfywio eto.

**SELA:** cymrwch eiliad i weddïo drwy un o'r adnodau uchod. Gwnewch y weddi yn bersonol o ran codi ardal yr ydych yn gyfarwydd â hi heddiw yng Nghymru.

### DARLLENWCH Salm 79: 13 yn araf ac ar lafar

> Yna, byddwn ni, dy bobl a phraidd dy borfa,
> yn dy foliannu am byth,
> ac yn adrodd dy foliant dros y cenedlaethau.

Mae'r Salm yn cloi yn yr union ffordd y bydd hanes yn cloi. Heddiw'r cyfan a welwn yw dinistr a llanast, ond mae dydd yn dod pan y "byddwn ni, dy bobl a phraidd dy borfa, yn dy foliannu am byth". Dyma'r gobaith bendigedig sydd o'n blaen. Penllanw hanes yw'r dydd pan fydd pob "Pa hyd?" yn cael eu hateb yn llawn, gyda phobl yr Arglwydd wedi eu sefydlu am byth yn y porfeydd breision hynny yn moliannu ei enw. Dyma'r realiti sy'n cael ei ddarlunio yn llyfr olaf y Beibl, gyda'r Apostol Ioan yn ysgrifennu am, "yr Oen sydd yng nghanol yr orsedd yn eu bugeilio hwy, ac yn eu harwain i ffynhonnau dyfroedd bywyd, a bydd Duw yn sychu pob deigryn o'u llygaid hwy" (Datguddiad 7:17).

Rhaid inni weddïo yng ngoleuni'r gobaith hwn. Yn wir, yn rhan nesaf gweledigaeth Ioan o'r nefoedd cawn ddarlun o'r angel gyda, "digonedd o arogldarth i'w offrymu gyda gweddïau'r holl saint ar yr allor aur oedd o flaen yr orsedd. O law'r angel esgynnodd mwg yr arogldarth gerbron Duw gyda gweddïau'r saint." (Datguddiad 8:3-4). Tebyg fod yna gyswllt clos rhwng y weledigaeth o weld popeth yn dod i drefn a dyfalbarhad mewn gweddi. Dyhead calon Duw yw gweld pobl "o bob cenedl a'r holl lwythau a phobloedd ac ieithoedd" (Datguddiad 7:9), yn cael rhannu llawenydd Datguddiad 7:17. Gweddi dros ddiwygiad yw un o'r arfau y mae Duw wedi dewis ei ddefnyddio i sicrhau hyn. Pwy fydd yno o Gymru heddiw ar y dydd hwnnw? Caniatewch i'r cwestiwn yna eich arwain mewn gweddi heddiw. Caniatewch hefyd i'r darlun o weddi fel arogldarth melys eich atgoffa fod Duw yn caru clywed eich ceisiadau dros y rhai sydd ar goll yn y tir. Mae wrth ei fodd yn casglu mwy o ddefaid i'w gorlan (Ioan 10:16), i ymuno â pharti mawl y nefoedd, sef ein gobaith pennaf.

**SELA:** cymrwch eiliad i weddïo dros unigolion sydd ar hyn o bryd yn anghredinwyr. Gofynnwch i'r Bugail Da estyn atynt, eu ceisio, a'u cael.

## Salm 80

# GWEDDÏO DROS ADFER TIR

Gall hiraethu am y gorffennol fod yn beryglus a grymus. Un o'r peryglon yw'r posibilrwydd y bydd yn tynnu ein sylw oddi ar y presennol wrth inni fynd ar goll braidd yn hiraethu am y dyddiau fu. Ond mae yna rym mewn dychwelyd eto at gryfderau'r gorffennol, y blaenoriaethau sydd bellach wedi eu colli. Gall y cof am fendithion ddoe ein deffro i fyw bywyd gwell a gwahanol yn y dyfodol.

Mae'r gair Cymraeg, hiraeth yn gyffredinol yn cyfleu cofio cadarnhaol. Yn y chwe llythyren yma ceir y dyhead am 'adref'. Bydd sawl Cymro neu Gymraes sydd wedi gadael y wlad yn mynegi'r dyhead yma, yr hiraeth yma o gael eu symud o wlad eu geni. Mae'r atgof am y dirwedd gartrefol yn ennyn dyhead mawr i ddychwelyd. Yn hynny daw'r cof am fannau o fendith ddoe yn allweddol wrth wneud penderfyniad am leoliad yfory.

Mewn ystyr, mae gweddi yn weithred o hiraeth cadarnhaol. Byddwn yn ystyried yr hyn y mae Duw wedi ei wneud, ac yn hytrach na galaru yn unig am waith bendigedig sydd wedi dod a mynd, yr ydym yn cymryd gafael yn y cof yma i alw ein heneidiau i weddi. Dyma swm a sylwedd Salm 80. Gweddi hiraethus sydd yma. Ond mae'r hiraeth am adref sy'n cael ei fynegi gan Asaff yn mynd ymhell y tu hwnt i gartref daearol. Dyhead am weld llawenydd bywyd yn nheyrnas Duw yn dychwelyd yw hyn. Mae'n dyheu am adfywiad, ac wrth edrych o'i amgylch ar gyflwr presennol y wlad, mae'r atgofion am fendithion ddoe yn ymestyn ymlaen gyda'r dyhead syml, "O Dduw'r Lluoedd, tro eto".

**DARLLENWCH Salm 80:1-3 yn araf ac ar lafar**

Gwrando, O fugail Israel,
sy'n arwain Joseff fel diadell.
Ti sydd wedi dy orseddu ar y cerwbiaid,
disgleiria i Effraim, Benjamin a Manasse.
Gwna i'th nerth gyffroi,
a thyrd i'n gwaredu.
Adfer ni, O Dduw;
bydded llewyrch dy wyneb arnom, a gwareder ni.

Mae'n amlwg fod Asaff yn teimlo'n ffwndrus. Byddai wedi bod yn rhwydd iawn iddo ruthro i le o weddi gyda'i gŵyn a'i geisiadau. Ond, cyn disgrifio'r anrhefn o'i amgylch mae'n arafu, ac yn dod o hyd i le i adfer cytbwysedd, ac yn cael hyd i'r lle hwnnw yn natur ei Dduw. Yn adnod gyntaf y Salm mae Asaff yn gosod allan dwy wedd ar natur Duw sy'n angor i weddi o eiriolaeth. Mae'n cofleidio Duw fel y Bugail cariadlawn a'r Brenin sy'n gweithredu. Cawn ein dysgu gan Iesu i angori ein gweddïau yn y ddau realiti yma: "Ein Tad" (y Duw cariadlon sy'n gofalu) "yn y nefoedd" (y Brenin mawr sydd ar waith). Yr hyn sy'n cynnal gweddi ffydd, gan ddiogelu fod gweddi o'r fath yn esgyn mewn hyder, yw'r datguddiad o gariad a grym Duw.

Rhaid inni wrth y datguddiad yma, yn arbennig o ystyried tirwedd eglwysig Cymru. Petaem yn gwbl onest, mae llawer ohonom wedi colli ein hyder. Wrth edrych o amgylch ar y chwalfa gymunedol a chymdeithasol, cawn ein hunain yn holi, a yw Duw yn poeni. Byddwn yn ystyried y cylchoedd parhaus o bechod a dioddefaint ac yn cael bod ein henaid yn holi, a all Duw newid pethau? Mae'n ymddangos fel bod llawer ohonom yn byw mewn lleoedd sy'n ymddangos yn fach a llefydd anghofiedig (llefydd fel Effraim, Benjamin a Manasse!). Byddwn yn holi os yw Duw wedi ein hanghofio. Dyna pam y mae angen darganfod ein cytbwysedd mewn rhywbeth sy'n fwy sefydlog nac amgylchiadau, daioni a mawredd Duw.

*SELA:* cymrwch amser i ystyried pa un o'r agweddau canlynol o natur Duw y mae angen ichwi ddeall fwy-fwy. A ydwyf wedi fy mherswadio fod Duw yn fy ngharu ac yn gofalu amdanaf? Os nad yw hyn yn wir, y cam cyntaf mewn gweddi yw plygu mewn gweddi gyda Paul yr Apostol gan ofyn am gael deall, "a beth yw aruthrol fawredd y gallu sydd ganddo o'n plaid ni sy'n credu," (Effesiaid 1:19).

**DARLLENWCH Salm 80:4-7 yn araf ac ar lafar**

O ARGLWYDD Dduw y Lluoedd,
am ba hyd y byddi'n ddig wrth weddïau dy bobl?
Yr wyt wedi eu bwydo â bara dagrau,
a'u diodi â mesur llawn o ddagrau.
Gwnaethost ni'n ddirmyg i'n cymdogion,
ac y mae ein gelynion yn ein gwawdio.
O Dduw'r Lluoedd, adfer ni;
bydded llewyrch dy wyneb arnom, a gwareder ni.

Y symudiad nesaf wrth weddïo am adferiad yn y tir, yw'r symud at galon sydd wedi ei thorri. Cyn gweddïo am unioni mae Asaff yn manylu ar yr hyn sydd o'i le. Yn y darluniau barddonol o furiau wedi eu chwalu a phlanhigion wedi eu maeddu cawn ddarlun o dir oedd i fod yn ffrwythlon a diogel. Does ryfedd fod Asaff yn holi, "Pa hyd Arglwydd?" Y tu cefn i'r gri mae'r argyhoeddiad syml, nid dyma fwriadwyd. Yn nyddiau Asaff yr oedd pobl Israel wedi crwydro o'u galwad i fod yn gynrychiolwyr

Duw, ac o ganlyniad yr oeddent wedi etifeddu galar. Yn ein dydd ac yn ein tir heddiw, braidd na ellir dweud yr un peth, a dweud y gwir, dyma gyflwr pob person ym mhob cyfnod. Pobl sydd wedi ein creu ar ddelw Duw ydym oll, wedi ein creu i adnabod Duw ac i daenu'r adnabyddiaeth yma ar led, ond yr ydym wedi crwydro oddi wrth ein Crëwr, crwydro i wrthryfel. Canlyniad hyn yw ein tristwch a'n gofid, ac mae galarnad am sut mae pethau yn rhan hanfodol o weddïo am ddiwygiad ac adferiad. Heb wynebu dyfnder pechod a galar prin y bydd unrhyw ddyfalbarhau mewn gweddïo am adferiad a diwygiad. Yn wir, bydd nifer ohonom yn medru cau ein llygaid i gyflwr ysbrydol pobl o'n cwmpas, a chanlyniadau hynny i'r bobl. Mae gweddi yn gyfle inni agor ein llygaid. Bydd eraill yn teimlo poen ein cymunedau, ond does dim mynegiant i'r galar yma, ac eithrio ein hemosiwn yn unig. Mae gweddi yn gyfle i ddod a'r sefyllfa friwedig yma o flaen Duw.

**SELA:** cymrwch amser i ystyried ymhle mae effaith y Cwymp i'w weld yn eich cymuned. Enwch hyn o flaen Duw. Caniatewch i'ch calon gael ei thynnu i mewn i'r profiad o weddi o alarnad, "pa hyd y bydd hi fel hyn Arglwydd?"

### DARLLENWCH Salm 80:8-15 yn araf ac ar lafar

> Daethost â gwinwydden o'r Aifft;
> gyrraist allan genhedloedd er mwyn ei phlannu;
> cliriaist y tir iddi;
> magodd hithau wreiddiau a llenwi'r tir.
> Yr oedd ei chysgod yn gorchuddio'r mynyddoedd,
> a'i changau fel y cedrwydd cryfion;
> estynnodd ei brigau at y môr,
> a'i blagur at yr afon.
> Pam felly y bylchaist ei chloddiau,
> fel bod y rhai sy'n mynd heibio yn tynnu ei ffrwyth?
> Y mae baedd y goedwig yn ei thyrchu,
> ac anifeiliaid gwyllt yn ei phori.

> O Dduw'r Lluoedd, tro eto,
> edrych i lawr o'r nefoedd a gwêl,
> gofala am y winwydden hon,
> y planhigyn a blennaist â'th ddeheulaw,
> y gainc yr wyt yn ei chyfnerthu.

Os oes arwyddion clir o bopeth wedi ei dorri am y tir, mae'r Salmydd hefyd yn cofio arwyddion clir o fendithion. Yn wir, dyma'r allwedd i'r math o fywyd y dylem ei fyw mewn byd toredig. Fe'n gelwir ni i fod yn llestri gobaith.

Yr atgof y mae'r Salmydd yn estyn ato yma yw'r hyn a geir yn hanes yr Exodus. Cofia fel y gwaredodd yr Arglwydd ei bobl rhag y drwg (8). Cofia fel y sefydlwyd y bobl mewn tir ffrwythlon a rhoi lle iddynt i dyfu (9-10). Daw'r cof iddo hefyd am y ffordd y defnyddiodd Duw ei bobl i fod yn gysgod i'r cenhedloedd o'u hamgylch (11). O gofio hyn, cawn y gri, "O Dduw'r Lluoedd, tro eto", neu mewn geiriau eraill, "gwna hyn eto". Pan fydd Duw yn bendithio gwlad dyma'r pethau sy'n digwydd. Dyma'r Duw sy'n achub pobl o'u pechodau, yn eu gosod yn ei deyrnas, yn eu tyfu o ran gras a nifer, ac yn eu defnyddio i fod yn fendith i eraill. Onid dyma ein dyhead gyda golwg ar Gymru heddiw? Yr ydym yn hiraethu am weld Duw yn symud mewn grym diwygiadol i'r graddau y bydd pobl ym mhobman yn profi canlyniadau rhyfeddol ei waith Ef. Cawn alwad i freuddwydio eto yn y Salm hon.

**SELA:** cymrwch amser i weddïo mewn ffydd am weld iachawdwriaeth a bendith yn cael ei dywallt ar eich cymuned ac ar ein tir. Gofynnwch i'r Ysbryd Glân i lenwi eich dychymyg â darlun o Gymru fel gwlad sydd wedi ei hadnewyddu a'i hadfer. Sut olwg fydd ar ein gwlad os digwydd hyn? Sut mae ail-adnabod bendith Duw yn mynd i edrych yng Nghymru?

**DARLLENWCH Salm 80: 15-19 yn araf ac ar lafar**

> Bydded i'r rhai sy'n ei llosgi â thân ac yn ei thorri i lawr
> gael eu difetha gan gerydd dy wynepryd.

> Ond bydded dy law ar y sawl sydd ar dy ddeheulaw,
> ar yr un yr wyt ti'n ei gyfnerthu.
> Ni thrown oddi wrthyt mwyach;
> adfywia ni, ac fe alwn ar dy enw.
> ARGLWYDD Dduw y Lluoedd, adfer ni;
> bydded llewyrch dy wyneb arnom, a gwareder ni.

Gobaith creiddiol y bobl yma yng nghanol eu cyfyngder yw'r cytgan sy'n ymddangos yn adnodau 3,7, a 19, sef, "bydded llewyrch dy wyneb arnom". Llewyrch wyneb Duw sy'n ein hachub, yn ein sefydlu, yn ein tyfu ac yn ein nerthu i fod yn fendith. Ond, sut mae adnabod llewyrch ei wyneb a ninnau yn cefnu arno mor aml? O ble y daw hyder inni wrth weddïo am ddiwygiad? Yn aml byddwn yn edrych am arwyddion a chyd-destun penodol cyn adnabod hyder y gall diwygiad ddigwydd yn ein dydd. Ond cawn wers well gan Asaff. Yn adnod 17 fe welwn fod y gobaith am ddiwygiad mewn unigolyn y mae Duw wedi ei ordeinio, ac nid yn gymaint mewn arwyddion neu gyd-destun. Edrych ymlaen mae Asaff i'r dydd pan fydd Duw yn codi unigolyn fydd yn agor argae adferiad a bendith y nefoedd. Ar hyd y cenedlaethau yr oedd yr Iddewon yn disgwyl am ddyfodiad "y sawl sydd ar dy ddeheulaw, yr un yr wyt ti yn ei gyfnerthu." Iesu yw'r Dyn ar ei ddeheulaw, Mab y Dyn a ordeiniwyd ac a nerthwyd i'r gwaith.

Os oedd y rhain yn cael edrych ymlaen mewn gobaith at Iesu, yr ydym ni yn medru edrych yn ôl, ac edrych heddiw ar Iesu, a sefyll ar y Graig ddiogel yma. Iesu yw'r un a ddaeth o'r nefoedd i'r ddaear fel Mab y Dyn, yr un roddodd ei fywyd i sicrhau maddeuant pechodau inni (Marc 10:45; 2:10). Esgynnodd Iesu yn ôl i'r nefoedd i'w orseddu ar ddeheulaw Duw am byth (Marc 16:19). Bellach, fe fydd pawb sy'n galw ar ei enw yn medru adnabod y profiad o'u gwarth yn cael ei symud, yn cael adnabod llewyrch wyneb Duw (18 a Rhufeiniaid 10:13). Dyma'r gobaith a erys i'n tir. Iesu yw'r gobaith. Mae ein hyder wrth weddïo am ddiwygiad yn seiliedig ar y ffaith fod Iesu'n fyw, nid yn seiliedig ar ein cyd-destun. Mae Iesu yn parhau i fod yn Arglwydd, ac yn parhau i adeiladu ei eglwys. Cawn ein galw i hiraeth gweddigar yn Salm 80, i gofio bendithion y gorffennol. Ond cawn ein galw hefyd i freuddwydio eto, breuddwydio y daw dyddiau'r fendith eto i'n tir. Nid breuddwydion gwag ac ofer yw'r rhain, ond disgwyliad hyderus.

Trwy'r Iesu, medrwn godi ein gweddïau am ddiwygiad yn hyderus o flaen yr orsedd, gan y gwyddom mai ei fwriad terfynol ef yw adfer popeth. Yn y cyfamser, gweddïwn am rywfaint o'r adferiad hwnnw yn ein presennol. "Deled dy deyrnas, ar y ddaear, fel yn y nefoedd."

**SELA:** cymrwch amser i addoli Iesu. Wrth inni ei ddyrchafu, fe fydd yn tynnu pobl ato ef ei hun (Ioan 12:32). Dewch a'ch amser o eiriolaeth i ben drwy adeiladu gorsedd i addoli'r Arglwydd Iesu yn yr union fan lle'r ydych nawr.

## Salm 81
# GWEDDÏO AM GLUSTIAU SY'N GWRANDO

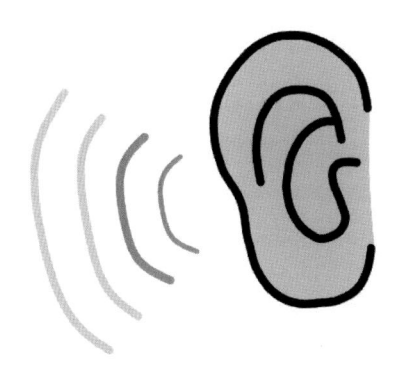

Mae Cymru yn mwynhau amryw byd o wyliau. Mae'r Eisteddfod Genedlaethol yn ddathliad o'n diwylliant a cherddoriaeth Gymraeg, Gŵyl y Gelli yn ddathliad o lenyddiaeth a'r celfyddydau, a Tafwyl yn ddathliad o'r Gymraeg ar gyfer teuluoedd. Os nad yw hyn yn ddigon, wel medrwch fynd i Greenman, gŵyl a ddisgrifir gan croeso.cymru fel dathliad o "twinkly indie, traditional folk, pulsating garage rock and ear-melting electronica(!)" Beth tybed sy'n ein denu i wyliau fel hyn? Tebyg mae'r awyrgylch o lawenydd, a'r ymdeimlad o berthyn. Rhywbeth ar gyfer dathlu cyffredin yw gŵyl, gyda phawb yn cael eu denu gan ddiddordeb a mwynhad cyffredin mewn rhyw agwedd o'r rhodd o ddiwylliant. Mae yna arbenigrwydd mewn cael eich dal yng nghwmni miloedd tebyg, yn mwynhau gyda'ch gilydd. Cawsom ein geni i ddathlu, a'n geni i ddathlu ynghyd.

Pobl gwyliau yw pobl yr Arglwydd. Cystal ag yw dathlu'r rhoddion da dderbyniwyd drwy ein diwylliant a'n celfyddyd fel Cymry, mae yna reswm mwy dros ddathlu yn hanes y Cristion. Yr ydym wedi ein caru gan Dduw, wedi ein gwared o bechod, wedi dod yn bobl sy'n eiddo Duw. Does ryfedd fod yr Hen Destament a'r Testament Newydd yn gorchymyn dathlu fel rhywbeth creiddiol wrth i bobl Dduw ddod at ei gilydd.

Mae Salm 81 yn Salm ar gyfer gŵyl. Cawn ein gwahodd i roi, "cân a chanu'r tympan, y delyn fwyn a'r nabl. Canwch utgorn ar y lleuad newydd, ar y lleuad lawn, ar ddydd ein gŵyl." Ond, yn union fel y disgrifiad o Ŵyl Greenman, mae yna ryw dro yng nghynffon y gwahoddiad. Mae'n wir ei fod yn wahoddiad i bererinion ar sail gwaredigaeth rasol Duw, ond rhan o bwrpas hynny yw er mwyn adnewyddu eu hymrwymiad i'r cyfamod â Duw. Nid galwad i ddathlu yn unig yw hwn felly, mae hefyd yn alwad i ymrwymiad. Daw'r Salm i ben gydag anogaeth fyddai'n ymddangos yn amhriodol yng nghanol sŵn dathliadau, cawn ein hannog i "wrando". Wrth i'r gerddoriaeth dawelu gadewir y pererin gydag anogaeth ddifrifol i ystyried. Wrth inni weddïo am ddiwygiad cawn ein hatgoffa fod pobl Dduw ar eu gorau yn rai sy'n dathlu'n orfoleddus ac yn sylwi'n fanwl. Salm sydd yn fwy o emyn proffwydol na gweddi bersonol yw hon, Salm sy'n ein cyfeirio at ddwy ffynhonnell ynni bywyd diwygiadol yr eglwys, gyda'r ymrwymiad i'r cyfamod yn ganolog i'r ddau.

**DARLLENWCH Salm 81:1-7 yn araf ac ar lafar**

> Canwch fawl i Dduw, ein nerth;
> bloeddiwch mewn gorfoledd i Dduw Jacob.
> Rhowch gân a chanu'r tympan,
> y delyn fwyn a'r nabl.
> Canwch utgorn ar y lleuad newydd,
> ar y lleuad lawn, ar ddydd ein gŵyl.
> Oherwydd y mae hyn yn ddeddf yn Israel,
> yn rheol gan Dduw Jacob,
> wedi ei roi'n orchymyn i Joseff
> pan ddaeth allan o wlad yr Aifft.
> Clywaf iaith nad wyf yn ei hadnabod.

Ysgafnheais y baich ar dy ysgwydd,
a rhyddhau dy ddwylo oddi wrth y basgedi.
Pan waeddaist mewn cyfyngder, gwaredais di,
ac atebais di yn ddirgel yn y taranau;
profais di wrth ddyfroedd Meriba.

Pan fyddwn yn galw i gof orchmynion Duw braidd nad ydym yn meddwl yn naturiol am gyfarwyddiadau moesol cul. Byddwn yn meddwl am y 10 gorchymyn, paid dwyn, paid llad, paid chwennych. Ond yr ydym yn colli golwg ar wir ystyr y gorchmynion os nad ydym yn sylweddoli fod y gorchmynion hyn wedi eu gwreiddio yng ngwaredigaeth rasol Duw. Cyn galw ar y bobl i fyw mewn ffordd arbennig, mae Duw yn eu hatgoffa o'r gwirionedd bendigedig, "Myfi yw'r ARGLWYDD dy Dduw, a'th arweiniodd allan o wlad yr Aifft, o dŷ caethiwed." Dyma pam y mae'r gorchymyn cyntaf o eiddo Duw yn alwad i ddathlu gorfoleddus yn hytrach na chyfyngiad moesol. Y gorchymyn i Israel, yng ngeiriau Asaff yw, "Canwch fawl i Dduw, ein nerth; bloeddiwch mewn gorfoledd i Dduw Jacob" (1).

Cawn ein gorchymyn i foli Duw oherwydd fod ein Duw wedi ymrwymo i'n llawenydd. Meddyliwch yn wir, mae ein hapusrwydd yn greiddiol i ymwneud Duw â ni! Er, nid hapusrwydd wedi ei wreiddio ym mhethau'r byd hwn, pethau yr ydym yn siŵr o'u colli ac o ganlyniad, pethau sy'n annigonol i ddiogelu llawenydd. I'r gwrthwyneb, mae ein llawenydd, ein hapusrwydd ni yn barhaol gan ei fod wedi ei seilio ar bwy yw Duw, a beth wnaeth Duw drosom. Dyna'r rheswm dros ein hatgoffa o'n gwaredigaeth drwy eiriau Asaff yn adnodau 6-7. Nid eu llwyddiannau, eu methiannau, eu cryfderau na gwendidau oedd yn diffinio'r bobl yma. Mae ein hunaniaeth yn cael ei ddiffinio gan waith grasol a chariadus Duw yn eu bywydau. "Ysgafnheais ....a rhyddhau...., gwaredais di, .... atebais di ... profais di..."

Mae'r llais sy'n cyhoeddi'r geiriau hyn i Asaff yn cael ei ddisgrifio yn adnod 5 fel un "nad wyf yn ei hadnabod". Os oedd yn anadnabyddus i Asaff, nid felly i ni, gan fod enw i'r llais. Llais Iesu yn iaith Iesu yw hwn. Oherwydd ei gariad tuag atom mae wedi symud baich ein pechodau, rhyddhau ein dwylo o afael Satan, wedi ateb ein cri am faddeuant, wedi ein hachub rhag marwolaeth, ac wedi ymrwymo i gyd-gerdded llwybr ein bywyd â ni. Os ydym mewn perthynas â'r Iesu heddiw, hanfod gwaelodol ein bywyd yw bod Duw yn ymwneud â ni, yng nghanol ein bywydau. Oherwydd bod y Duw hwn yn un sy'n gofalu, achub, ateb, cryfhau, a hynny oherwydd ei ymrwymiad i ni, medrwn orfoleddu.

**SELA:** cymrwch amser i orfoleddu yn yr Efengyl. Nid yw diwygiad yn ddim mwy, na llai, na daioni a gogoniant Duw yn dod yn fwy-fwy amlwg i fwy a mwy o bobl. Caniatewch i hyn ddechrau yn eich bywyd chi heddiw wrth ufuddhau i'r gorchymyn i ganu mawl, oherwydd ein bod yn cofio'r cyfan y mae wedi ei wneud drosom.

### DARLLENWCH Salm 81:8-10 yn araf ac ar lafar

> Gwrando, fy mhobl, a dygaf dystiolaeth yn dy erbyn.
> O na fyddit yn gwrando arnaf fi, Israel!
> Na fydded gennyt dduw estron,
> a phaid ag ymostwng i dduw dieithr.
> Myfi yw'r ARGLWYDD dy Dduw,
> a'th ddygodd i fyny o'r Aifft;
> agor dy geg, ac fe'i llanwaf.

Os achubwyd Israel o gaethwasiaeth yn yr Aifft, cawsant eu hachub hefyd i fywyd o addoli Duw. Roedd byw bywyd cyfan mewn adnabyddiaeth o'r iachawdwriaeth yn golygu cofleidio'r ddau wirionedd yma, troi eu cefn ar gaethiwed a throi tuag at addoliad. Mae'r un peth yn wir yn ein hanes ni. Yn Rhufeiniaid 6:18 mae Paul yn dweud, "Cawsoch eich rhyddhau oddi wrth bechod, ac aethoch yn gaethion i gyfiawnder." Does dim cydbwysedd yn ein bywyd ysbrydol os ydym yn rai sy'n cofleidio maddeuant pechodau heb gofleidio hefyd addoliad llwyr o'r Duw sydd wedi ein gwared. Ac eto, mae hyn yn aml yn wir, ac oherwydd hynny y mae angen diwygiad, deffroad, ac adnewyddiad o fewn yr eglwys.

Dyma'r baich proffwydol y mae Asaff yn ei rannu yn Salm 81. Mae adnodau 8-10 yn cludo'r bobl yn ôl at y cyntaf o'r 10 gorchymyn, "Na chymer dduwiau eraill ar wahân i mi" (Exodus 20:3). Dyma eiliad i adnewyddu'r cyfamod. Yng ngoleuni iachawdwriaeth Duw, a wnawn ni alinio ein bywydau â'u ffyrdd Ef, neu barhau i addoli'r delwau oedd yn ein clymu mewn caethiwed? Ceir cynifer o ddiwygiadau mewn hanes sydd wedi cychwyn o le, ac yn wir wedi parhau i adnabod cyffes ddofn a gwir edifeirwch fel rhywbeth canolog, gan mae dyma yw ein hangen. Byddwn yn aml yn crwydro o'n diben pennaf, i addoli Duw yn unig a'i fwynhau. Rhaid wrth Salm 81 a'i thebyg i'n galw yn ôl.

Er, mae'n bwysig inni sylwi fod hyd yn oed y galwad i ufudd-dod newydd yn cael ei orchuddio gan ras. Nid rhyw alwad i ni roi trefn ar ein bywyd sydd yma, ond yn hytrach galwad arnom i "agor dy geg, ac fe'i llanwaf" (10). Pan ddaw galwad Duw inni roi ein heilunod o'r neilltu ac ildio Iddo, nid yw yn ddim llai na galwad i osod o'r neilltu'r pethau sy'n atal bodlonrwydd llwyr yn ein henaid. Yr addewid sydd ynghlwm wrth fywyd wedi ei roi i'r Arglwydd yw cael adnabod ei ddarpariaeth lawn. Bydd yn ein bodloni. Mae fel petai Duw yn dod at ei bobl yma, pobl oedd yn llenwi eu cegau â rhyw sothach o fwyd, gan ddweud, "caniatâ imi dy fodloni a gwledd y nefoedd, bwyd cyfoethog a maethlon, bwyd fydd yn dy lenwi, bwyd blasus angylion Duw."

*SELA:* cymer eiliad i edifarhau am yr eilunod yr wyt wedi rhoi dy serch arnynt yn ddiweddar. Cyffesa dy bechod. Gofyn i Dduw i groeshoelio dymuniadau'r cnawd. Gofyn i'r Ysbryd Glân i ail-danio dy ymrwymiad i'r Iesu. Unwaith y byddi wedi cymryd amser i gerdded y llwybr edifeiriol hwn yn bersonol, cerdda'r llwybr ar ran yr eglwys hefyd.

**DARLLEN Salm 81:11-16 yn araf ac ar lafar**

> Ond ni wrandawodd fy mhobl ar fy llais,
> ac nid oedd Israel yn fodlon arnaf;
> felly anfonais hwy ymaith yn eu cyndynrwydd
> i wneud fel yr oeddent yn dymuno.
> "O na fyddai fy mhobl yn gwrando arnaf,
> ac na fyddai Israel yn rhodio yn fy ffyrdd!
> Byddwn ar fyrder yn darostwng eu gelynion,

ac yn troi fy llaw yn erbyn eu gwrthwynebwyr."
Byddai'r rhai sy'n casáu'r ARGLWYDD yn ymgreinio o'i flaen,
a dyna eu tynged am byth.
Byddwn yn dy fwydo â'r ŷd gorau,
ac yn dy ddigoni â mêl o'r graig.

Ceir gair yn awr sy'n ein hatgoffa o'r cylch trist sy'n cael ei ail-adrodd droeon yn yr Hen Destament. Braidd na fedrwn ymdeimlo â chalon Duw yn y geiriau, "Ond ni wrandawodd fy mhobl ar fy llais, ac nid oedd Israel yn fodlon arnaf;" Yr ydym yn aml yn clywed galarnad Asaff yn ei Salmau, ond yn y geiriau yma yr ydym yn cael golwg ar alarnad Duw ei hun. Onid yw darllen y geiriau yn deffro ein gweddïau? Mi fyddai'n waith da iawn inni dreulio mwy o amser mewn penodau fel Hosea 11, penodau sy'n cloddio'n ddwfn i gariad di-ball Duw tuag atom ar waethaf ein gwrthryfela parhaus. Y cyfan y mae Duw yn dyheu amdano yw i'n harwain i fywyd o gyflawnder. Ac eto, o'n gadael i'n bwriadau ein hunain, yr ydym yn ail-adrodd yn gyson ein gwrthodiad i ymateb yn gadarnhaol i wahoddiad grasol Duw, gwahoddiad i adnabod bywyd yn ei gyflawnder. Fel moddion i'n deffro, mi fydd Duw yn aml yn ein traddodi i'n calonnau ystyfnig ac i ganlyniadau ein penderfyniad i gerdded i ffwrdd oddi wrtho (12 a Rhufeiniaid 1:24-28). Tybed os nad yw profi rhywbeth o ganlyniadau dros dro ein pechod heddiw, efallai yn arwydd o ras yr Arglwydd wrth iddo geisio ein tynnu yn ôl i'w lwybrau.

Cyn i'r Salm ddod i ben, mae'r alarnad sydd yng nghalon Duw yn troi yn addewid a gobaith newydd. Hyd yn oed yn awr mae'r cyfle yn agored i bobl Dduw i adnabod buddugoliaeth dros eu gelynion a gwyrthiau yng nghanol eu hanialwch ysbrydol (14-15). Mae'r geiriau yn ein hatgoffa o'r adran ddiwygiadol yn 2 Cronicl 7:14 sy'n dweud, os bydd, "fy mhobl, a elwir wrth fy enw, yn ymostwng ac yn gweddïo, yn fy ngheisio ac yn dychwelyd o'u ffyrdd drygionus, yna fe wrandawaf o'r nef, a maddau eu pechod ac adfer eu gwlad." Tybed os ydym yn gafael yn y geiriau yma o ddifri? I ba raddau yr ydym yn caniatáu i'n calonnau aros yn yr addewidion nefol rhyfeddol hyn? Yn Salm 81, mae'r amod i weld diwygiad yn anghyffredin o syml, mae'n alwad i un o'r pethau rhwyddaf, y gwaith mwyaf goddefol posibl, mae'n alwad i wrando. Man cychwyn adferiad yw pan mae pobl Dduw yn rhoi eu clust i'r Arglwydd. Mae hyn yn arddangos yn well na dim un o'r eilunod pennaf yn ein bywydau, ac un o'r rhwystrau pennaf i fendith - prysurdeb! Mae Salm 81 yn ein galw yn ôl unwaith yn rhagor i'r man tawel yna lle yr ydym am wrando. Os ydym yn darllen y llyfr yma yr ydym wedi cymryd cam tuag at leihau prysurdeb difäol, tuag at gau allan sŵn prysurdeb, a rhoi cyfle i'n clustiau glywed llais Duw. Ond, beth yn union y mae'n ei ddweud wrthyt heddiw?

**SELA:** cymer eiliad i dawelu dy galon ac i wrando ar 'lef ddistaw, fain' Duw dros Gymru heddiw, dros dy eglwys a dros dy deulu. Os bydd o gymorth, rho larwm ar dy oriawr neu ffôn am tua 5 munud iti eistedd mewn tawelwch llwyr, gan ofyn i Dduw sibrwd ei air i dy glust. Efallai y byddi'n cael rhyw argraff benodol, rhyw ddarlun, rhyw Ysgrythur yn dod i'r meddwl. Gwna nodyn o'r hyn yr wyt yn ymdeimlo ag ef, ac os wyt yn meddwl bod hynny yn briodol, beth am ei rannu gyda Christion dibynadwy fydd yn medru dy gynorthwyo i wybod os yw Duw wedi bod yn siarad â thi am rywbeth penodol. Os byddi'n teimlo fod Duw wedi siarad am Gymru, neu hyd yn oed am Cant i Gymru, teimla'n rhydd i anfon e-bost atom.

*Salm 84*

# GWEDDÏO AM GALON PERERIN

Un o'r emynau sydd braidd wedi dod yn anthem yn y stadiwm genedlaethol yw "Arglwydd, arwain drwy'r anialwch, fi bererin gwael ei wedd." Yr emyn yn Saesneg sy'n cael ei ganu yno, ac ar y dyddiau pan mae'r to ar agor mae'n bosibl clywed y canu o ardd gefn ein tŷ yng Nghaerdydd, gyda'r cytgan, "Bread of heaven" yn atseinio dros y ddinas. Fel y gwyddom, nid anthem cae rygbi oedd y bwriad, ond ysgrifennwyd yr emyn yng ngwres symudiad nerthol yr Ysbryd Glân, diwygiad heb ei ail o ran ei ddylanwad ar ein cenedl. Er na wyddai'r awdur, William Williams o Bantycelyn y byddai'r emyn yn dod yn rhan o wead ein hunaniaeth fel cenedl, eto, yn rhagluniaeth Duw mae'n parhau i fod yn atgof o ddyddiau o ddiwygiad. Bydd Duw yn aml yn cadw rhyw atgofion o'i fendithion yn ein gorffennol er mwyn cyniwair hiraeth yn ein calon am fwy eto yn ein dydd. Ceir rhywbeth o hadau ein dyfodol yn ein gorffennol.

Un o'r pethau sy'n ddiddorol yn yr emyn yw'r ffordd y mae Williams yn darlunio'r sawl sy'n canu'r emyn fel "pererin" mewn "anialwch". Pam tybed y mae'r geiriau yma wedi cael lle mor amlwg yn nychymyg pobl ar hyd y canrifoedd? Pam fo Corau Meibion a phlant fel ei gilydd yn gartrefol yn datgan eu bod yn bererinion, yn rai sy'n crwydro ar eu siwrnai adref? Tybed oes yna awgrym, yn ddwfn o'n mewn sy'n tystio i'r ffaith nad ydym adref ble bynnag yr ydym yn byw? Tybed ai ein dyhead pennaf yw am dir sydd wedi ei adnewyddu, gwlad lle mae dagrau wedi eu sychu, drygioni wedi ei esgymuno a heddwch yn teyrnasu?

Tybed os yw'n wir ein bod i gyd yn gorfod cydnabod ym mer ein hesgyrn ein bod wedi ein creu ar gyfer presenoldeb Duw?

Mae'r emyn, "Arglwydd, arwain drwy'r anialwch" yn berthynas o bell i hen emyn cyntefig am bererinion, Salm 84. Yn eu hemyn mwyaf cyfarwydd mae Meibion Cora yn rhoi iaith i'n dyhead am bresenoldeb Duw. Sut tybed all y Salm hon ein cynorthwyo i weddïo am ddiwygiad yng Nghymru? Yn syml, mae'r Salm yn ein galw yn ôl fel pererinion unigol i ganoli ein bywyd ar Dduw. Mewn amryw byd o ffyrdd, darganfyddiad (neu ail ddarganfyddiad) yw diwygiad o'r flaenoriaeth a'r fraint a gawn o fod ym mhresenoldeb Duw. Mae'r hyn sy'n wrthwyneb i ddiwygiad, (trai, dadfeilio, marw) nid yn gymaint yn ddisgrifiad o leihad mewn niferoedd yn ein cynulliadau, ond yn hytrach yn ddisgrifiad o'r modd mae lle Duw yn ein calonnau a'n bywydau wedi mynd ar drai. Rhaid wrth Salm 84 gan ei bod yn ein cynorthwyo i ail-ddarganfod, ac i ail-fynegi gwerth presenoldeb Duw. Y mae'r Salm yn gwneud hyn drwy ein hatgoffa mae ei bresenoldeb yw ein diogelwch rhag y byd, ein nerth yn y byd, a'n rhodd i'r byd.

**DARLLENWCH Salm 84:1-4 yn araf ac ar lafar**

Mor brydferth yw dy breswylfod,
O ARGLWYDD y Lluoedd.
Yr wyf yn hiraethu, yn dyheu hyd at lewyg
am gynteddau'r ARGLWYDD;
y mae'r cyfan ohonof yn gweiddi'n llawen
ar y Duw byw.

Cafodd hyd yn oed aderyn y to gartref,
a'r wennol nyth iddi ei hun,
lle mae'n magu ei chywion, wrth dy allorau di,
O ARGLWYDD y Lluoedd, fy Mrenin a'm Duw.
Gwyn eu byd y rhai sy'n trigo yn dy dŷ,
yn canu mawl i ti'n wastadol.

Ar ddiwedd pob dydd, pan fydd y plant yn cysgu a'r tŷ wedi ei dacluso, pan fydd pob tasg wedi eu gorffen, rwy'n bwrw am fy ngwely. Ar ambell i ddiwrnod mwy prysur na'i gilydd medrwch fy nal yn dyheu am gael bod yno. Efallai mai'r gwely yw un o'r bendithion sy'n cael ei danbrisio fwyaf yn y byd gorllewinol! Mae'n le o ddiogelwch cyffyrddus, o gilio o'r byd a gorffwys o'r gwaith. I Feibion Cora, yr oedd presenoldeb Duw yn le i'r enaid, yn yr un modd ac mae'r gwely yn le i'r corff. Presenoldeb Duw yw ein man diogel, y lle i gilio oddi wrth y byd ac i orffwys o'n gwaith. Dyna pam y mae'r Salm yn cyfeirio at ddyheu am ei bresenoldeb, ac am y bendithion sy'n deillio o drigo yno. Mae'r darlun o ddau aderyn bychan (aderyn y to a'r wennol), yn cael hyd i nyth wrth ymyl allor Duw yn ein hatgoffa o'n gwendid ni a chroeso Duw. Mewn gweddi cawn ein hatgoffa o ba mor fregus yr ydym - fel yr adar bach yma. Ond cawn ein hatgoffa hefyd o groeso hael Duw wrth inni weddïo, y modd y cawn ein dal, a'r modd y caiff pob gofal le i orffwys yn Nuw.

Man gorffwys enaid yw presenoldeb Duw. Gan fod hyn yn wir, mae yna ddau gwestiwn yn dodi 'r meddwl: yn gyntaf a ydym yn dyheu am fod yn ei bresenoldeb? Mae bywyd fel petai yn milwrio yn erbyn ein dyhead i fwynhau Duw. Ond, mae gweddi yn gyntaf yn gyfle i ddeffro'n dyhead, i ail-agor y cyswllt rhwng ein calon a'n cnawd a'r Duw byw, yr un a'n creodd i'w fwynhau. Yn ail, fyddwn ni yn 'aros', neu yn trigo yn ei bresenoldeb? Bu Iesu farw er mwyn sicrhau na fyddai ein profiad o bresenoldeb Duw yn cael ei gyfyngu i ambell ymweliad â theml. Mae'n marw i rwygo'r llen, a thrwy hynny, caniatáu inni adnabod presenoldeb Duw yn ein cofleidio'n wastad. Ac eto, yn ein byd ni, gyda'r holl bethau sydd am dynnu ein sylw, byddwn ninnau hefyd yn ymweld â phresenoldeb Duw yn hytrach na aros yn ei gwmni. Mae Salm 84:1-4 yn wahoddiad i'n henaid i aros, i drigo gyda'r un y mae ein heneidiau wedi eu creu er ei fwyn.

**SELA:** cymrwch eiliad i aros gyda Duw - treuliwch amser yn ymlonyddu yn ei bresenoldeb. Os nad yw hyn yn bosibl ar y funud yma cynlluniwch i roi amser i fynd i le tawel, ac i dreulio amser go iawn yn ei gwmni.

### DARLLENWCH Salm 84: 5-7 yn araf ac ar lafar

Gwyn eu byd y rhai yr wyt ti'n noddfa iddynt,
a ffordd y pererinion yn eu calon.
Wrth iddynt fynd trwy ddyffryn Baca
fe'i cânt yn ffynnon;
bydd y glaw cynnar yn ei orchuddio â bendith.
Ânt o nerth i nerth,
a bydd Duw y duwiau yn ymddangos yn Seion.

Petai Salm 84 yn gorffen yn adnod 4 byddai'n ddarlun hyfryd o fywyd sy'n adnabod gorffwys llwyr yn Nuw. Ond, mae bywyd o orffwys yn Nuw bob amser yn arwain at fywyd yn y byd, byd lle nad oes adnabyddiaeth o bresenoldeb Duw. Yn awr mae'r darlun yn datblygu, gan symud o fendithion aros yn nhŷ Duw i fendithion cludo presenoldeb Duw ar y ffordd, "Gwyn eu byd y rhai yr wyt ti'n noddfa iddynt, a ffordd y pererinion yn eu calon" (5). Ni all y rhai sy'n mwynhau presenoldeb Duw fod yn llonydd, maent ar daith, taith i drawsffurfio "dyffryn Baca" i fod yn le o ffynhonnau iachusol. Mae'r geiriad gwreiddiol yn adnod 6 braidd yn awgrymu fod trawsffurfio ein hamgylchedd yn ganlyniad anochel i gludo presenoldeb Duw; "wrth iddynt fynd trwy ... fe'i cânt yn ffynnon". Mae yna rywbeth sy'n brydferth o oddefol am y darlun yma. O bryd i'w gilydd, wrth inni weld yr angen yn ein cymunedau, yn enwedig o weld yr angen am ddiwygiad, am blannu eglwysi, ein hymateb cychwynnol yw rhedeg tuag at yr angen gyda rhyw weithgarwch. Addewid Salm 84 yw bod yna elfen yn y bywyd yr ydym yn ei fyw ym mhresenoldeb Duw sydd fel petai yn cludo llawenydd a heddwch i mewn i leoedd o wylo a therfysg.

Ac eto, ar yr un pryd, mae rhywbeth anghyffredin o weithredol yn digwydd yn y darlun. Mae'r rhai sy'n cludo bendith presenoldeb Duw yn rai sydd "a ffordd pererinion yn eu calon" (5). Rhaid i ymdrechion o'r fath ddarganfod eu nerth yn Nuw. Y demtasiwn i bob un ohonom sy'n bererinion a'r daith tuag at ein cartref nefol yw teithio ar ben ein hunain. Cawn ein hatgoffa gan Salm 84, yn enwedig y rhai sy'n plannu eglwysi, mae'r unig ffordd i adnabod cryfder ar gyfer y daith, yr unig ffordd y byddwn yn medru gweld canlyniad trawsffurfiol yn ein cymunedau yw trwy dynnu pob gronyn o'n nerth o law Duw.

**SELA:** cymrwch eiliad i weddïo dros y rhai sy'n plannu eglwysi. Gweddiwch y bydd y geiriau hyn yn wir iddynt - hynny yw, y bydd eu nerth yn yr Arglwydd, ac y byddant yn cludo presenoldeb gorfoleddus Duw i mewn i fyd sy'n wylo.

### DARLLENWCH Salm 84:8-12 yn araf ac ar lafar

> O ARGLWYDD Dduw'r Lluoedd, clyw fy ngweddi;
> gwrando arnaf, O Dduw Jacob.
> Edrych ar ein tarian, O Dduw;
> rho ffafr i'th eneiniog.
> Gwell yw diwrnod yn dy gynteddau di
> na mil gartref;
> gwell sefyll wrth y drws yn nhŷ fy Nuw
> na thrigo ym mhebyll drygioni.
> Oherwydd haul a tharian yw'r ARGLWYDD Dduw;
> rhydd ras ac anrhydedd.
> Nid atal yr ARGLWYDD unrhyw ddaioni
> oddi wrth y rhai sy'n rhodio'n gywir.
> O ARGLWYDD y Lluoedd,
> gwyn ei fyd y sawl sy'n ymddiried ynot.

Un o'r cwestiynau yr oeddwn yn eu hoffi pan oeddwn i'n blentyn oedd - "beth wyt ti am fod wedi tyfu fyny?" Yn y cyfnod hwn yr oedd gorwelion a phosibiliadau yn ddi-ben-draw - "gofodwr, pêl-droediwr, athronydd, cerddor...". Wrth dyfu a heneiddio, wrth inni wneud penderfyniadau a chofleidio'r cyfyngiadau sydd arnom byddwn yn sylweddoli nad yw'r penderfyniad am yrfa mor rhwydd â hynny. Ond, mae yna un alwedigaeth (galwad) sy'n agored i bob un ohonom, beth bynnag ein dewis o yrfa gwaith. Yng Nghrist gall pob un ohonom gamu i'r fraint sanctaidd o fod yn un sy'n "sefyll wrth y drws yn nhŷ fy Nuw" (10).

Mae dwy wedd ar y syniad o gadw'r drws yn y Salm hon. Ar y naill law mae'n ennyn y syniad o'r fraint o gael cyfarch pererinion wrth i'r rheini deithio i addoli yn y deml. Yn yr ystyr yma, gwaith gostyngedig rhywun sy'n estyn gwahoddiad yw'r un sy'n cadw'r drws - "dewch i mewn i brofi Duw fel ag yr wyf fi wedi ei brofi". Ar y llaw arall, y mae'n awgrymu'r fraint ryfeddol o gael bod ar ymylon presenoldeb Duw. Llc gyda chynteddau gwahanol yn ôl galwad, cefndir ac yn y blaen oedd y deml i'r Iddewon, ac wrth ichwi fynd drwy'r deml, byddech yn cael dod yn agosach at bresenoldeb sanctaidd Duw. Yr oedd y ffaith fod Meibion Cora yn medru dweud ei fod yn well ganddynt fod yn cadw'r drws yn nhŷ Dduw na bod yn unman arall, yn datgan fod hyd yn oed y profiad lleiaf o agosrwydd Duw yn drech na dim y gall y byd ei gynnig.

Beth tybed y mae hyn yn ei olygu i ni? Y mae'n ein hatgoffa o'r fraint sanctaidd o gael dod ac eraill i bresenoldeb Duw. Yr ydym wedi ein croesawu i mewn i bresenoldeb Duw drwy waith y groes, ac yr ydym wedi adnabod gras i gludo presenoldeb Duw i mewn i'n cymunedau, ac wedi ein galw i groesawu eraill i mewn i bresenoldeb Duw drwy'r Efengyl. Nid ein heglwys neu ein cynghorion ysbrydol yw ein rhodd i'r byd, nid chwaith ein symudiad i blannu eglwysi neu ein cynlluniau i drawsnewid cymdeithas. Ein rhodd i'r byd yw Iesu. Fel Ioan Fedyddiwr, dyhead ein calon yw cael ein defnyddio i baratoi ffordd i Iesu, paratoi ffordd i bobl gyfarfod â'r Iesu. Rhaid iddo ef gynyddu (Ioan 3:22-30). Yn aml mae ein balchder yn amharu ar ein gallu i fabwysiadu'r agwedd ostyngedig yma, y gallu i fod yn neb sy'n cyfeirio pawb at y Rhywun. Yr ydym yn dyheu am gael ein gweld, am gael bod yn ddylanwadol, am gael enw ymhlith pobl, a'r cyfan yn arwyddo mae ychydig o amser yr ydym wedi ei dreulio ym mhresenoldeb Duw. Yr oedd Meibion Cora wedi treulio gymaint o amser yn trigo yn nhŷ Duw, wedi eu darostwng a'u rhyfeddu gan brydferthwch Duw fel eu bod yn gweld mae colled fyddai popeth o'i chymharu â'r fraint o gael bod yn geidwad y drws i eraill.

***SELA:*** cymrwch eiliad i weddïo dros arweinwyr eglwysi a'r rhai sy'n plannu eglwysi. Gweddïwch y byddant yn meddu calonnau gostyngedig, calonnau sy'n ewyllysio bod yn geidwaid y drws. Gweddïwch y byddant yn caru presenoldeb Duw yn fwy na dim arall. Gweddïwch y bydd Duw yn codi byddin o geidwaid fel hyn, rhai sydd yn meddu calonnau gwasanaethgar yng Nghymru, arweinwyr fydd heb amser na diddordeb i wneud enw iddynt eu hunain, ond a fydd yn gwbl fodlon yn cymryd eu lle yng nghynllun Duw ar gyfer ein gwlad.

## Salm 85

# GWEDDÏO AM DDYCHWELIAD GOGONIANT

Dyna'r chwibaniad olaf. Mae'r stadiwm yn codi fel un. Mae yna arwyr a'u henwau wedi eu hysgrifennu i mewn i chwedloniaeth. Edwards. Jackson. Grey-Thompson. Bale. Warbutron. James. Beth bynnag yw eich hoff gamp, a pa bynnag ddigwyddiad sy'n dod i'r cof, mi fydd gan lawer ohonom ymdeimlad o uniaethu gydag adegau arbennig yn hanes camp. Y gair sy'n cael ei ddefnyddio i ddisgrifio'r eiliad yma o lwyddiant yw: gogoneddus. Yn dilyn ennill y tlws sydd wedi bod mor anodd ei gael, o oresgyn rhwystrau oedd yn ymddangos yn ormod, yr ydym yn defnyddio'r gair gogoneddus i gydnabod cyflawni gobeithion, i gyhoeddi fod ofnau wedi eu goresgyn. Gogoniant yw canlyniad buddugoliaeth. Gogoneddus yw'r gair i grynhoi dathliad cenedl yn llwyddiant un mabolgampwr. Gogoniant yw'r hyn y mae pobl ynghyd yn dyheu amdano, yn ddyhead y mae pobl yn ei rannu, er mae un sy'n ennill.

Mae hyn i gyd yn wir am gamp ogoneddus. Ond, mae'n gymaint mwy o wirionedd, yn ddyfnach, yn fwy parhaol a chreiddiol wrth drafod gogoniant Duw.

Iesu Grist yw'r Pencampwr. Drwy waith y groes a'i atgyfodiad mae wedi gorchfygu pechod, Satan a marwolaeth. Y mae wedi sicrhau pobl i Dduw. Y mae wedi cyflawni ein holl obeithion am iachawdwriaeth. Mae wedi tawelu ein hofnau am y farn. Dyna pam y mae stori'r Beibl yn gorffen drwy gyhoeddi'r geiriau, "I'r hwn sydd yn ein caru ni ac a'n rhyddhaodd ni oddi wrth ein pechodau â'i waed, ac a'n gwnaeth yn urdd frenhinol, yn offeiriaid i Dduw ei Dad, iddo ef y bo'r gogoniant a'r gallu byth bythoedd! Amen" (Datguddiad 1:5-6). Mae Iesu yn deilwng o'r gogoniant. Ond, mae wedi ennill gogoniant i ni. Yr ydym yn cael rhannu yn ei fuddugoliaeth, nid am ein bod wedi gweithio i sicrhau hynny, ond am ein bod wedi ei dderbyn drwy ras (Rhufeiniaid 8:31-39). Mae'r Beibl yn disgrifio dydd sydd ar fin gwawrio pan fydd y greadigaeth gyfan yn cael ei llyncu ym muddugoliaeth Iesu (Rhufeiniaid 8:18-25). Gogoniant sydd ar ddiwedd y stori. Beth bynnag yw'r brwydrau wynebwn, beth bynnag y galar sydd o'n blaen, medrwn edrych i'r dyfodol gyda hyder sicr fod yna ddydd pryd y cawn ddathlu goresgyniad llwyr y Diafol, pechod a marwolaeth. Yr ydym yn dyheu am y dydd yma pryd y, "llenwir y ddaear â gwybodaeth o ogoniant yr ARGLWYDD, fel y mae'r dyfroedd yn llenwi'r môr" (Habacuc 2:14).

Yn y cyfamser, y mae calon Duw yn tanio dros weld ei ogoniant yn cael ei gydnabod a'i adnabod yr ochr yma i dragwyddoldeb, ym mywydau a gwledydd pobl fel chi a fi. Pan fydd yr Efengyl yn dod mewn grym mewn cymuned, mae'n dod gyda disgleirdeb gogoniant Duw, fel y gwnaeth ar fryniau di-nod lle'r oedd y bugeiliaid yn gwylio eu praidd gynt (Luc 2:9-10). Breuddwyd y nefoedd yw gweld gogoniant Duw yn llewyrchu i ganol lleoedd anghofiedig. O'n rhan ni, a ydym yn barod i uno ein calonnau â breuddwyd y nefoedd? A welwn ni ogoniant Duw yn disgleirio yng Nghymru yn ein cenhedlaeth? A welwn ni ymweliad ei fuddugoliaeth yn ein dydd? A fydd gwaith ei drugaredd yn llenwi ein tir? A fydd yn symud i dawelu ein hofnau, i gyflawni ein gobeithion?

Dyma gawn yn Salm 85, gweddi ostyngedig, gweddi sy'n dyheu am gael gweld, "gogoniant yn aros yn ein tir" unwaith eto (9). Gadewch inni uno ein calonnau â gweledigaeth y nefoedd wrth weddïo am gael gweld gogoniant Duw yn dod i'r amlwg yn ein dydd.

**DARLLENWCH Salm 85:1-7 yn araf ac ar lafar**

> O Arglwydd, buost drugarog wrth dy dir;
> adferaist lwyddiant i Jacob.
> Maddeuaist gamwedd dy bobl,
> a dileu eu holl bechod.
> Tynnaist dy holl ddigofaint yn ôl,
> a throi oddi wrth dy lid mawr.
> Adfer ni eto, O Dduw ein hiachawdwriaeth,
> a rho heibio dy ddicter tuag atom.
> A fyddi'n digio wrthym am byth,
> ac yn dal dig atom am genedlaethau?
> Oni fyddi'n ein hadfywio eto,
> er mwyn i'th bobl lawenhau ynot?
> Dangos i ni dy ffyddlondeb, O ARGLWYDD,
> a rho dy waredigaeth inni.

Mae Duw am wneud gwaith newydd yn ein dydd. Hwn yw Duw y "peth newydd" (Eseia 43:19). Nid yw'n dilyn unrhyw batrwm y medrwn ei ragweld gan fod Duw yn ei hanfod yn greadigol. Mae gorlif o ras yn Nuw ar gyfer pob dydd o'r newydd. Fe fydd stori diwygiad yn ein dydd ni wedi ei hysgrifennu mewn ffordd unigryw ar gyfer ein dydd ni. Ac eto, mae'r peth newydd bob amser ar batrwm yr hen. Dyna pam y medrwn edrych yn ôl, y medrwn olrhain patrymau yn ei weithgarwch. Dyma'r hyn gawn yn y Salm hon wrth i'r awdur ddod o flaen Duw mewn gweddi. Mae'n cofio rhywbeth o'r olygfa a welir pan mae Duw yn ymweld wrth iddo atgoffa ei hun o dywalltiadau'r gorffennol (1-3). Pan mae Duw yn symud, mae enw yn cael ei adfer, pechodau yn cael eu maddau, gobaith yn ailgynnau a gorfoledd yn ei eglwys. Gall y pethau hyn ddigwydd drwy gynulliadau swnllyd o bobl yn neidio, fel yn achos y diwygiad yn y ddeunawfed ganrif, neu drwy edifeirwch difrifol fel oedd yn gyffredin yn ystod diwygiad 05-05, neu drwy efengylu gorfoleddus a digymell ar y strydoedd, fel oedd yn wir yn ystod y "Jesus Movement" yn yr 1960au. Mae'r patrwm yn glir. Pan mae Duw ar waith mae yna adfer, maddeuant, gobaith, a gorfoleddu.

Ond, nid un i fynd yn sownd yn y gorffennol yw'r awdur, ond un sy'n cymryd y gorffennol i'w anfon at y dyfodol gyda hyder a gobaith. "Adfer ni eto," yw un o'r gweddïau hynny sy'n greiddiol i weddïo am ddiwygiad. Cawn ein hatgoffa fod gweddïo am ddiwygiad yn cychwyn gyda dychymyg diwygiadol, gyda darganfod y weledigaeth o allu trawsffurfiol Duw yn y tir. Bydd cymaint ohonom yn bodloni â bod yn gyfforddus gyda'r cyffredin. Yr ydym mor gyfarwydd â chylchdro difaterwch ysbrydol, dirywiad cymdeithasol, a hyd yn oed brwydrau personol sydd wedi cau allan ein gallu i ddyheu. Mae Meibion Cora am ein hatgoffa fod yna fwy. Beth am gychwyn darganfod hyn drwy ein dychymyg, dychmygu bywyd gwahanol, cymunedau gwahanol a gwefr wahanol yn ein tir. Gweddïwch y bydd y dychmygion yn cael cu gwireddu. Gweddïwch am adfer enw, am faddeuant pechodau, am obaith mewn lleoedd sydd wedi eu torri, am orfoledd yn yr eglwys.

**SELA:** cymrwch eiliad i ddychmygu'n weddigar Cymru wedi ei hadnewyddu. Pa olwg fyddai ar y tir pe bai gogoniant Duw yn ei lenwi? Beth fyddai canlyniad hyn ar addysg, ar y celfyddydau, ar wleidyddiaeth, ar lesiant? Gweddïwch yr hyn welwch i mewn i fodolaeth.

### DARLLENWCH Salm 85:8-9 yn araf ac ar lafar

> Bydded imi glywed yr hyn a lefara'r Arglwydd DDUW,
> oherwydd bydd yn cyhoeddi heddwch
> i'w bobl ac i'w ffyddloniaid,
> rhag iddynt droi drachefn at ffolineb.
> Yn wir, y mae ei waredigaeth yn agos at y rhai sy'n ei ofni,
> fel bod gogoniant yn aros yn ein tir.

Un o'm hoff ffilmiau yw Arrival. Disgrifiad digon cyffredin ym myd y ffilm yw'r stori yma. Daw bywyd arallfydol i fyw ar y ddaear, ac mae'r ffilm yn mynd ati i geisio darlunio'r oblygiadau pellgyrhaeddol sy'n deillio o'r ffaith fod y ddynoliaeth yn gorfod wynebu'r realiti fod mwy i fywyd na'r hyn yr oeddent wedi ei dybio. Byddaf yn aml yn holi beth fyddai'r canlyniad petai gogoniant Duw yn disgyn ar ein tir. Byddai darganfod realiti'r Duw a'n gwnaeth yn gymaint mwy trawiadol nac ymweliad gan ryw greaduriaid arall-fydol. Mae dyfodiad ei ogoniant yn y Salm hon yn esgor ar heddwch ac iachawdwriaeth, nid panig a dryswch fel yn y ffilm yna. Cymaint yw ein hangen am y fath ymweliad!

Wrth gwrs, does dim angen inni orfod dyfalu canlyniad ymweliad gogoniant Duw. Cyrhaeddodd gogoniant Duw yng ngenedigaeth Iesu. Does ryfedd fod yr angylion wedi canu i'r bugeiliaid a dweud, "Gogoniant yn y goruchaf i Dduw, ac ar y ddaear tangnefedd ymhlith y rhai sydd wrth ei fodd" (Luc 2:14). Pan ymddangosodd gogoniant Duw, a hynny wedi ei wisgo mewn cnawd yn y Crist ym Methlehem, daeth â heddwch ac iachawdwriaeth i bawb fyddai'n ei dderbyn.

Gweddi am heddwch a llawenydd y Nadolig ym mhob cymuned ar hyd y flwyddyn yw ein gweddi am ddiwygiad. Yr ydym yn gweddïo y bydd goleuni presenoldeb Crist yn torri gafael gaeafol pechod a thristwch yn ein byd. Yr wyf yn hoff iawn o'r geiriau hyn o'r emyn Saesneg, "O little town of Bethlehem", "O Holy child of Bethlehem, descend to us we pray; cast out our sin and enter in; be born in us today".[15] Yr ydym yn gofyn i Dduw ail-adrodd rhyfeddod yr ymgnawdoliad yn ein cymunedau heddiw wrth weddïo am ddiwygiad, nid ail-adrodd y weithred unwaith-ac-am-byth, ond yn hytrach ail-adrodd y realiti ysbrydol. Ein dyhead yw y bydd Ysbryd Duw yn dod gan eni'r fath brofiad o ogoniant Duw fel y bydd i'n pechodau gael eu taflu ymaith, ac y bydd heddwch â Duw yn cymryd eu lle.

**SELA:** cymrwch amser i weddïo dros heddwch pobl Dduw ac iachawdwriaeth y colledig. Gweddïwch dros bobl yn eich eglwys, yn arbennig y rhai sy'n ei chael yn anodd ar hyn o bryd, y byddant yn cael y fath brofiad o heddwch dwfn a pharhaol yng ngogoniant Duw. Gweddïwch dros aelodau o'ch teulu a'ch cymuned sydd eto i adnabod Iesu, gan ofyn am gael gweld bywyd newydd Iesu yn cael ei eni ynddynt.

---

15 Phillips Brooks, *O little town of Bethlehem*, 1868

**DARLLENWCH Salm 85:10 -13 yn araf ac ar lafar**

Bydd cariad a gwirionedd yn cyfarfod,
a chyfiawnder a heddwch yn cusanu ei gilydd.
Bydd ffyddlondeb yn tarddu o'r ddaear,
a chyfiawnder yn edrych i lawr o'r nefoedd.
Bydd yr ARGLWYDD yn rhoi daioni,
a'n tir yn rhoi ei gnwd.
Bydd cyfiawnder yn mynd o'i flaen,
a heddwch yn dilyn yn ôl ei droed.

Mae paragraff olaf Salm 85, ein hadran olaf yn ein taith weddi gyda Meibion Cora, yn gyforiog o danwydd ar gyfer gweddïau o eiriolaeth. Yn wir, mae un o'r emynau ganwyd fwyaf yn ystod diwygiad 04-05 yn adleisio rhywbeth o weddi Meibion Cora yma wrth gyfeirio at, "a chyfiawnder pur a heddwch yn cusanu euog fyd".[16] Mae hwn yn ddarlun anghyffredin o brydferth o'r hyn sy'n digwydd pan mae Duw'n ymddangos. Yn yr adnodau olaf hyn cawn ddarlun barddonol o'r hyn sy'n wir pan fo gogoniant Duw yn llenwi ein tir (9). Mewn sawl ystyr, mae gogoniant Duw yn realiti gwrthrychol, gan ei fod yn wrthrychol wir fod Duw yn ogoneddus, neu, yn llythrennol yn bwysfawr, yn brydferth, yn rhyfeddol. Ond y gwir yw bod y profiad o ogoniant Duw yn medru bod yn brofiad prin yn ein heglwysi a'n cymunedau. Pan ddaw realiti gwrthrychol gogoniant Duw yn brofiad real yn ein bywyd ac yn ein cymunedau, yr ydym yn medru cyfeirio at yr adegau hyn fel adegau o ddiwygiad. Dyma yw gweddi'r Salmydd yn yr adnodau hyn, ac wrth eu gweddïo mae'n rhoi iaith i'n gweddïau ni am weld gogoniant Duw yn dod yn brofiad byw a real yn ein tir.

Pa olwg sydd ar ogoniant Duw o fewn i gymuned o bobl?

- Ad 10 - mae'n ymdebygu i ddoniau'r nefoedd, (cariad, ffyddlondeb, cyfiawnder a heddwch) yn dod at ei gilydd mewn lle arbennig ymhlith pobl arbennig.

- Ad 11 - mae'n ymdebygu i bobl Dduw yn cael eu nerthu i fyw yn ffyddlon, tra bod Duw yn tywallt ei gymorth cyfiawn o'r nefoedd.

---

16 William Rees, *Dyma gariad fel y moroedd*

- Ad 12 - mae'n ymdebygu i'r tir ei hun yn dwyn ffrwyth - yr economi yn llewyrchus, y tlawd yn cael eu codi, a phrofiad cyffredin o ddigon.
- Ad 13 - mae'n ymdebygu i ymweliad gan Dduw ei hun.

Dyma destun a dyhead ein gweddïau heddiw am Gymru. Gweddïwn y bydd yr eglwys yn cael ei hadnewyddu â grasusau'r nefoedd. Gweddïwn am gael gweld ffyddlondeb yn tarddu o'r tir wrth i gymunedau pobl Dduw fyw yn ffordd Duw ar draws ein gwlad. Gweddïwn y bydd cyfiawnder yn edrych i lawr o'r nefoedd wrth i Dduw dywallt ei Ysbryd Glân ar ei bobl ffyddlon. Gweddïwn y bydd y tir yn adnabod bendith y nefoedd wrth i economi teg a helaethrwydd o haelioni dyfu. Gweddïwn y bydd bywyd cyfiawn bobl Dduw yn paratoi ffordd i Dduw ei hun ymweld â ni mewn bendith eto. Ar y pwynt olaf yma, gweddïwn yn arbennig y bydd ymdrechion cyfiawn y rhai sy'n plannu eglwysi yn paratoi ffordd i Dduw symud mewn ffyrdd anghyffredin o rymus yn ein cymunedau.

**SELA:** cymrwch amser i weddïo y bydd y rhai sy'n plannu eglwysi yn paratoi ffordd ar gyfer ymweliad gogoniant Duw wrth iddynt geisio'n gyntaf teyrnas Dduw a'i gyfiawnder ef (Mathew 6:33). Gweddïwch na fydd dim yn dal llygaid yr arloeswyr hyn ond gogoniant Duw, ac na fyddant yn cael eu digalonni mewn unrhyw ffordd wrth gyhoeddi'r Efengyl yn ein gwlad.

Wrth inni orffen edrych ar Salm 85 daw ein taith weddi i ben. Rwy'n caru'r hyder sydd i'w gael yn Salm 85:12, hyder sy'n briodol iawn inni gofio ar ddiwedd y daith hon: "Bydd yr ARGLWYDD yn rhoi daioni". Yr ydym wedi gorfod wynebu droeon a thro angen dybryd ein gwlad wrth fynd ar y daith hon yng nghwmni Asaff a Meibion Cora. Yr ydym wedi cael ein gorfodi i alaru am ddirywiad eglwysi, gan ddyheu am ddydd pryd y bydd y Deyrnas unwaith eto yn cael ei hamlygu mewn grym. Mae'r casgliad yma o weddïau am ddiwygiad yn dod i ben gyda nodyn melys o sicrwydd yn hytrach na nodyn o anobaith a galar. Bydd y Duw sy'n Dad ein Harglwydd Iesu Grist yn rhoi pob daioni inni. Da yw Duw. Dyma'r un sy'n ffyddlon, caredig, graslon, trugarog, araf i ddigio, yr un sy'n rhagori mewn tosturi. Nid yw wedi gadael ei fyd toredig, nid yw wedi anghofio ein hangen. Dyma'r Duw gamodd i mewn i'r byd, a ninnau wedi gweld ei ogoniant (Ioan 1:14). Dyma'r Duw fydd yn ail-greu'r cyfanfyd un dydd yn ei gariad rhyfeddol. Yn ôl William Carey, "mae'r dyfodol mor olau ac addewidion Duw".[17] Er bod golwg dlawd ar y tir, hyd yn oed os yw'n ymddangos yng ngafael gaeaf hir a thywyll, mae'r gwanwyn ar y ffordd. Mae Duw yn symud. Fe all gogoniant ddychwelyd.

Mae'r alwad i weddi yn debyg iawn i'r alwad i ddod fel plant bychain. Dyma alwad i ymddiried fod Duw yn dda ac am wneud daioni. Tebyg fod ein Duw wrth ei fodd yn defnyddio gweddi sydd mor debyg i weddi plentyn er mwyn adeiladu ei deyrnas ar y ddaear. Wrth inni gloi'r cylch yma, yr ydym yn diolch am y gorffwys sy'n deillio o'r gallu i adael tynged ein gwlad yn nwylo ein Tad.

Wedi ildio Cymru i ddwylo Duw yr ydym yn awr yn barod i ddechrau eto. Nid galwad dros dro, nid cynllun am bythefnos yw gweddïo am ddiwygiad. Mae hwn i fod yn arfer bywyd yr ochr hyn i'r gogoniant.

---

17 Weithiau priodolir y dyfyniad hwn i Adoniram Judson.

## *Epilog*
# BYW Y CYTGAN

**Ymarfer Cyson**

Bwyta. Cysgu. Ymarfer. Ailadrodd.

Bwyta. Cysgu. Gêm. Ailadrodd.

Bwyta. Cysgu. Rafio. Ailadrodd.

Y mae pawb, o'r rhai sy'n ceisio adeiladu'r corff, i rai sy'n chwarae gemau, i rai sy'n rafio'n wyllt yn cydnabod pwysigrwydd arferiad os ydynt am ddod yn feistri mewn unrhyw gyfeiriad. Mae cymhwysedd yn cael ei ddiogelu drwy ail-ddychwelyd yn gyson at y gweithgarwch craidd. Os ydym am fyw yn dda mewn unrhyw faes, rhaid wrth batrwm sy'n hwyluso arferion sy'n cyd-fynd â'n blaenoriaethau craidd.

Felly'n union mae pethau gyda golwg ar weddi. Os ydym am ddod yn ddynion a merched sy'n feistri gweddi, yna rhaid caniatáu i Dduw fod yn feistri ar ein bywydau. Y gwir yw bod angen i Dduw feddiannu ein calonnau. Y newyddion da yw mai dyna ei ewyllys! Dim ond golwg ar ei fawredd a'i ddaioni fydd yn ddigonol i'n cynnal ar gyfer dyfalbarhau ar y daith hon. Ond wedi gweld, y cam angenrheidiol sy'n dilyn hyn yw ffurfio ymarfer gweddi. Os am fod yn feistri gweddi rhaid gwneud lle gweddi yn le y byddwn yn dychwelyd iddo yn rheolaidd. Yr ydym yn mabwysiadu iaith gweddi a rhythm gweddi. Yr ydym yn angori gweddi yng ngwead ein dydd. Yr ydym yn ...

Bwyta. Cysgu. Gweddïo. Ailadrodd.

Mae'r rhan fwyaf o'r hyn yr ydym wedi ei ddysgu am weddi gan Asaff a Meibion Cora yn canolbwyntio ar iaith gweddi. Cawsom danwydd i'n gweddïau o eiriau eu barddoniaeth. Ond, i gloi yr wyf am annerch agwedd sy'n cael ei ail-adrodd yn strwythur eu gweddïau: ailadrodd cytganau. Yn amryw o Salmau Asaff a Meibion Cora yr ydym yn darganfod eu bod yn dychwelyd at ymadroddion cofiadwy, a'r cyfan yn creu strwythur o weddïo sy'n gweu drwy'r Salm.

Mae'r patrwm hwn o ailadrodd i'w weld yn Salm 42:

> Mor ddarostyngedig wyt, fy enaid,
> ac mor gythryblus o'm mewn!
> Disgwyliaf wrth Dduw; oherwydd eto moliannaf ef,
> fy Ngwaredydd a'm Duw. (5 a 11)

Cawn hyd i'r un peth yn Salm 46:

> Y mae ARGLWYDD y Lluoedd gyda ni,
> Duw Jacob yn gaer i ni. (7 a 11)

Eto, daw'r patrwm yn Salm 80:

> Adfer ni, O Dduw;
> bydded llewyrch dy wyneb arnom, a gwareder ni. (3, 7, a 14)

Mae'r cytganau hyn yn ein hatgoffa o rym barddoniaeth wrth geisio mynegi'r hyn sydd ar ein calon mewn gweddi. Maent wedi eu llunio'n hardd, a byddwn am eich annog i'w traddodi i'ch cof, rhywbeth fydd yn peri, pan na fyddwn yn gwybod beth i weddïo, y medrwn ddilyn yr eirfa a roddir inni gan yr Ysbryd Glân, yr Athro pennaf ar gyfer ein bywyd gweddi (Rhufeiniaid 8:26-27).

Ond mae yna agwedd arall ar y cytganau sydd yn elfen bwysig inni gadw mewn cof wrth inni ddysgu gweddïo am ddiwygiad. Mae'r cytganau yma, yr ail-adrodd yma yn ein hatgoffa fod gweddi i'w brofi fel patrwm cyson, nid rhyw ddigwyddiad digymell. Nid un digwyddiad ond digwyddiad parhaus yw gweddi. Yn y ffordd hon y byddwn yn tyfu cyhyrau a meithrin cysur mewn gweddi.

Meddyliwch am ddysgeidiaeth Iesu ar weddi. Mae'n annog ei ddilynwyr i "weddïo bob amser yn ddiflino" (Luc 18:1). Mae'n defnyddio'r geiriau 'gofynnwch, ceisiwch, curwch' (Luc 11) i ddisgrifio natur gweddïo Feiblaidd, geiriau sy'n awgrymu ymagwedd barhaol yn hytrach na chais unigol o dro i dro. Neu, mae ystyried ein galwad fel offeiriaid y cyfamod newydd (1 Pedr 2:8-9), a chofio mae un o swyddi offeiriad yr Hen Destament oedd i 'ddiogelu'r tân ar yr allor' (Lefiticus 6:13), yn ein cyfeirio at ddefosiwn sy'n barhaol. O dan y Cyfamod Newydd mae Paul yn cymhwyso'r syniad hwn i'n bywyd gweddi - bywyd o weddi ddi-baid (1 Thesaloniaid 5:17).

Yn ôl y Salmydd, "Cafodd hyd yn oed aderyn y to gartref, ...., wrth dy allorau di, O Arglwydd y Lluoedd" (Salm 84:3). Presenoldeb Duw yw ein man diogel. Dyma ble y mae fy enaid yn cael gorffwys yng nghwmni'r Creawdwr. Y cwestiwn i mi yw, ai hwn yw'r lle y byddaf yn gwneud yn gartref drwy ddychwelyd yno yn aml? Ai dyma ble mae'r llwybr yn glir oherwydd ei fod yn llwybr yr ydym yn ei gerdded yn aml? Nid profiad cysurus yw gweddi bob amser, yn wir fe fydd yn aml yn fan o ymrafael, o wylo ac o geisio. Ond fe all fod yn le ac yn brofiad cyfarwydd wrth inni ei wneud yn le y byddwn yn dychwelyd yno yn aml, a thrwy hynny byddwn yn adnabod Duw yn gynyddol fel cyfaill yn hytrach na dieithryn. Dyma'r daith y mae Iesu am inni ei cherdded, siwrnai i ffwrdd o weddïo fel gweision i fod yn rhai sy'n gweddïo fel ffrindiau (Ioan 15:15-16).

Un o gyfrinachau bywyd gweddi, y cymundeb dwfn yna gyda Duw yw cryfhau hyn gyda'r arfer o ddychwelyd yn ddefodol. Yr ydym yn gwneud presenoldeb Duw yn gartref drwy ymweld yn aml, y lle y byddwn yn deffro, ein lle yng nghanol dydd, ein gobennydd wrth orwedd i gysgu.

Dywedodd rhywun rhywbryd mae'r unig ffordd i ddysgu gweddïo yw trwy weddïo. Yn naturiol, yr wyf yn gobeithio fod geiriau'r llyfr hwn wedi cynorthwyo i ennyn gweledigaeth o'r hyn sy'n bosibl drwy weddi, er yn cydnabod nad fy ngeiriau i fydd yn tyfu eich bywyd gweddi. Dim ond ymarfer cyson fydd yn diogelu hynny. Yn ôl rhywun arall, yr unig ffordd anghywir o weddïo yw peidio gweddïo. Dod â'n cyfan, ein holl fywyd o flaen Duw ein Tad yw gweddi. Mae hyn yn gofyn am ddychwelyd yn ddefodol, dod bob eiliad i sgwrs â Duw.

**Rhoi hyn ar waith**

Sut felly y mae'n bosibl adeiladu rhythm gweddi i mewn i fywyd dyddiol? Sut mae sicrhau arfer fydd yn cadw ein gweddïau'n ffyddlon a newydd? Sut mae caniatáu i'n cyrff i fod yn ymgorfforiad o'r cytganau hyn yn y Salmau? Nid yw'n bosibl adeiladu perthynas drwy gyfathrebu achlysurol ar yr wyneb. Efallai ei fod yn dechrau fan hyn - ac efallai fod yna fan cychwyn arbennig rhyngoch â Duw heddiw. Ond i ddiogelu parhad, mae perthynas yn y bôn wedi ei adeiladu ar arfer parhaol, ar gymundeb bregus. Felly, beth am symud i fod yn ymarferol, fel bod ein bywyd beunyddiol yn cael eu nodweddu gan sgyrsiau cyson gyda'n Creawdwr.

Dyma bum syniad syml sy'n llifo o'm profiad o geisio meithrin bywyd gweddi. Rhan o'r llawenydd sydd ynghlwm â thyfu bywyd gweddi yw darganfod yr arferion a'r llwybrau sy'n cynorthwyo sgwrs barhaol gyda Duw. Felly, darllenwch y syniadau hyn i danio eich dychymyg eich hun wrth ichwi feddwl am ffordd o feithrin cytganau gweddi i mewn i'ch gwead unigryw chi.

**Gweddïwch fel Daniel**

I'r rhan fwyaf ohonom wnaeth fyw drwy 2020, medrwn gyfeirio at ryw newid ynom o ganlyniad. Cafodd y pandemig y fath effaith chwyldroadol fel bod sawl diwydiant ac unigolyn yn parhau i geisio delio ag effeithiau addasu iddo. Er hynny, yn fy mhrofiad i, cafwyd bendith annisgwyl. Fel rhywun ifanc oedd yn plannu eglwys yng nghanol y cyfnod o gyfyngiadau yr oedd ond dau ddewis sylfaenol yn fy wynebu: naill ai mynd i banig a gorweithio er mwyn ceisio cadw popeth i fynd, neu darganfod bywyd o weddi. Tristwch yw nodi fod misoedd cyntaf y pandemig yn tystio imi ddewis y cyntaf o'r rhain, ond trwy drugaredd, wrth i'r misoedd fynd yn eu blaen yr oeddwn wedi dysgu fy ngwers. Yr oedd cyfle yma yn y neilltuo gorfodol, cyfle i ddarganfod rhythm gweddi.

Dewisais dri chyfnod mewn diwrnod - y tri chyfnod y mae'r eglwys wedi eu mabwysiadu ar draws y cenedlaethau - bore, canol dydd a min nos. Ar yr adegau yma y cyfan wnes i oedd oedi i ail-gysylltu gyda fy

Nhad nefol. Byddai wedi bod yn anodd hyd yn oed breuddwydio am yr effaith drawsnewidiol gafodd hyn ar fy ngherddediad ysbrydol. Yr wyf wedi blaenoriaethu'r arfer 'efengylaidd' o amser tawel dyddiol bob bore yn darllen a gweddïo, ond yr wyf wedi profi anhawster o ran arfer sgwrs gyda'm Tad ym mhrysurdeb y dydd. O orfodi'r patrwm yma lle y byddaf yn gorfod peidio gwneud yr hyn yr wyf wrthi'n ei gyflawni yn ystod y tri amser yma, rwyf wedi darganfod ffordd o weddïo sy'n arwain at ymdeimlad mwy sefydlog a cadarn yn fy enaid. Rwy'n medru dod a gwaith y dydd at yr Arglwydd cyn imi fynd at y gwaith. Rwy'n medru ystyried rhai o'r anawsterau wrth weddïo yng nghanol dydd, ac yna gadael fy meichiau yn nwylo diogel y Duw Hollalluog cyn rhoi fy mhen i lawr yn y nos.

Dychmygwch pa fath o beth fyddai darganfod hyn yn medru ei olygu i chwi, cryfder at waith y dydd, heddwch yng nghanol treialon y dydd a gorfoledd wrth ollwng y dydd yn ôl i law Duw. Dyma mae'r ymarfer hwn yn ei gynnig inni.

Yn ymarferol felly, dyma batrwm fy nydd?

> BORE: Rwy'n deffro yn weddol gynnar ac wrth wneud ychydig o ymarfer corff ac yna cael cawod byddaf yn gweddïo drwy Weddi'r Arglwydd (Mathew 6), y Fendith Offeiriadol (Numeri 6) neu arfogaeth Duw (Effesiaid 6).
>
> CANOL DYDD: Byddaf yn mynd allan i'r cefn ac yn nhawelwch y lle gwag hwnnw byddaf yn cymryd eiliad i anadlu, i gyflwyno unrhyw beth i Dduw sydd wedi bod yn bwysau imi'r bore hwnnw a gweddïo am ddiwygiad drwy Salm o'r llyfr hwn.
>
> MIN NOS: Yn union wedi rhoi'r pedwar bachgen bach i'r gwely byddaf yn mynd am y gadair freichiau yn ein hystafell wely, yn treulio ychydig amser yn addoli ac yna yn cerdded drwy'r Beichiau Gweddi (gweler isod).

Mae'n arfer syml. Dewch o hyd i amser a lle a glynwch wrth y patrwm, yn enwedig ar ddyddiau lle mae'n ymddangos nad oes budd ysbrydol gweladwy. Yna, gwyliwch i weld os bydd yn trawsffurfio'n araf eich bywyd gweddi, fel y digwyddodd i mi.

Pam galw'r arfer yma yn "Gweddïo fel Daniel"? Yn syml, oherwydd gellir olrhain y syniad ymhell cyn yr eglwys fore i ganol yr Hen Destament, ac yno mae yna fachgen ifanc o'r enw Daniel yn gwrthod cyfaddawdu'r hunaniaeth gafodd gan Dduw wrth fyw yn y gaethglud. Tra bod y diwylliant o'i gwmpas yn ceisio diogelu ei fod yn cydymffurfio, beth mae Daniel yn ei wneud? "Yr oedd ffenestri ei lofft yn agor i gyfeiriad Jerwsalem, ac yntau'n parhau i benlinio deirgwaith y dydd, a gweddïo a thalu diolch i'w Dduw, yn ôl ei arfer" (Daniel 6:10). Mae'n debyg mae'r ymadrodd sy'n crynhoi hyn orau yw, "yn ôl ei arfer". Wrth i stormydd y gaethglud guro yn erbyn ei enaid y cyfan gafodd y stormydd yn Daniel oedd dyn wedi ei wreiddio mewn arfer hynafol o weddi a mawl, arfer oedd yn ei nerthu a'i alluogi i ddyfalbarhau mewn dyddiau du. Mae hwn yn ddarlun sy'n gymhelliad cadarn iawn.

Rwy'n tybio fod esiampl Daniel yn un o'r esiamplau sy'n cael eu tanbrisio fwyaf yn ein byd gorllewinol heddiw. Yr ydym ninnau yn byw mewn caethglud. Yr ydym ninnau yn wynebu pwysau i gydymffurfio a chyfaddawdu. Sut y medrwn oroesi? Sut y medrwn ffynnu? Yr wyf yn argyhoeddedig fod gweddïo teirgwaith y dydd yn fwy o ateb nac y tybiwn. Dim ond ym mhresenoldeb Duw y mae'r grym i dystio i Grist yn y tir yma yn ein dyddiau ni. Trwy Iesu, medrwn adnabod presenoldeb Duw yn wastad. Y cwestiwn i ni yw, a fyddwn yn bresennol i'w bresenoldeb? A wnawn ni oedi deirgwaith y dydd i fod gyda Duw? Rwy'n eich herio i roi yr arfer ar waith, a gweddïo fel Daniel.

**Cyfarchion Gweddi**

Fel y byddwn yn cychwyn sgwrs gyda'n ffrindiau agosaf mewn ffordd sy'n eithaf rhagweladwy, rwy'n amau y gall cyfarchiad o'r fath roi ein henaid mewn lle da i gychwyn ein sgwrs â Duw. Fel y nodwyd yn ein myfyrdod ar Salm 42, byddwn yn aml yn cyrraedd ein lle gweddi braidd wedi drysu. Hyd yn oed wrth weddïo saeth weddi yng nghanol ein diwrnod, byddwn yn cael trafferth canolbwyntio oherwydd yr holl bethau sy'n llenwi ein meddwl. Beth yw'r ateb i hyn felly? Tybed nad oes ateb yng ngweddill y sgyrsiau sy'n llenwi ein bywyd? Byddwn yn paratoi ein hunain at gael sgwrs drwy gychwyn gyda chyfarchiad cyffredin. Mae dweud, "Helo, sut wyt ti?" yn arallgyfeirio ein sylw at y person sydd o'n blaen, gan ein paratoi ar gyfer sgwrs ystyrlon. Credaf y medrwn fabwysiadu hyn yn ein bywyd gweddi a phrofi bendith o wneud hynny. Dyma ragoriaeth y Salmau.

Pa mor aml y cawsom fod Asaff a Meibion Cora neu Dafydd yn cychwyn, neu yn llenwi eu Salm gydag anogaeth i'w henaid eu hunain? "Gobeithia yn Nuw ... Fy enaid, bendithia'r Arglwydd.... Molwch yr Arglwydd!." Yr wyf yn hoffi meddwl am y rhain fel cyfarchion gweddi. Y maent yn fodd i ail-osod ein meddwl ar y Duw a'n creodd. Maent yn gafael yn ein calon gydag atgof o'i agosrwydd. Maent yn galw ar yr Arglwydd mewn dyhead cariadus. Yn yr union ffordd y byddaf fi yn fwy cartrefol yn cychwyn sgwrs wedi defnyddio cyfarchiad, felly byddaf yn medru plymio i ddyfnder gweddi yn haws os byddaf wedi gosod fy enaid o flaen Duw gan ddefnyddio cyfarchiad cyfarwydd, a thrwy hynny, ail-osod fy mryd ar ei bresenoldeb.

Mae'r syniad o gychwyn gweddi gyda geiriau cyfarwydd yn ganolog i weledigaeth y Beibl o fywyd gweddi. O ofyn i'r Iesu i ddysgu iddynt weddïo, mae'r disgyblion yn cael gwybod mae nid gwaith cwbl rydd yw hyn, i'r gwrthwyneb, mae'n gosod patrwm o weddi ar eu cyfer. Nid bod hyn i fod ein cyfyngu, ond yr oedd am roi iddynt hwy, ac felly i ninnau ffrâm i gynorthwyo ei blant i ddiogelu bywyd gweddi. Gellir sôn am Weddi'r Arglwydd fel y cyfarchiad gweddi greiddiol i'r Cristion. Mae'n cynnwys y cyfan sydd angen ei ddweud wrth Dduw, ac o'r lle hwn medrwn ymestyn i ddyfnderoedd sgwrsio â Duw.

Fy ffefryn personol, a'r cyfarchiad y byddaf yn ei ddefnyddio amlaf yw Salm 25:1-2. Mae'r geiriau'n syml:

"Atat ti, ARGLWYDD,
y dyrchafaf fy enaid;
O fy Nuw,
ynot ti yr wyf yn ymddiried."

Mae defnyddio'r 16 gair yma i gychwyn gweddïo wedi bod yn fendith anhygoel imi. Caf fy atgoffa o'r hyn yr wyf am ei wneud (codi fy enaid nid parablu); caf fy atgoffa o'r un yr wyf yn nesáu ato (Yaweh - yr Arglwydd, fy Nuw i); a caf fy atgoffa o sut yr wyf yn nesáu (yn ymddiried). Mae'r cyfan yn ail-gyfeirio fy enaid at y gwaith o sgwrsio â'm Creawdwr. Os nad wyf yn gwybod beth i weddïo, byddaf bob amser yn cychwyn yn y fan hon, yn union fel y byddaf yn cychwyn yn yr un man wrth gyfarch ffrind nad wyf wedi ei weld ers tipyn. Byddwn yn eich annog i gloddio'r Salmau i ddod o hyd i gyfarchiad personol y byddwch chi yn ei ddefnyddio wrth osod eich hun i weddïo.

## Beichiau Gweddi

Un o'r ffyrdd y mae pobl yn sicrhau patrwm yn eu bywyd gweddi dyddiol yw drwy'r defnydd o restrau gweddi. Beth bynnag am eich perthynas chi â rhestrau, fy ymateb cyntaf i'r gair yw dechrau meddwl am restrau siopa, nid rhywbeth sy'n fy arwain yn naturiol at weddïau angerddol am ddiwygiad! Wedi dweud hynny, mae yna rywbeth o blaid amrywiaeth bychan ar y rhestrau gweddi yma, sef yr hyn yr wyf am ei alw yn 'feichiau gweddi'. Mae'r gwahaniaeth, er yn fach, eto'n arwyddocaol. Mae beichiau gweddi yn cyfeirio ni at y pethau hynny y mae Duw wedi eich galw chi yn benodol i weddïo drostynt. Yr ydym yn darllen mae'r Ysbryd Glân yw'r un sy'n gwybod yn y pen draw beth a ddylem weddïo (Rhufeiniaid 8:26-27). Ond, byddwn yn aml yn rhuthro i'n gweddïau a'n rhestrau heb gymryd yr amser i ofyn i'r Ysbryd ddatguddio inni'r hyn a ddylem weddïo. Gall yr arfer yma o oedi, gan ofyn am arweiniad yr Ysbryd fod yn newid trawsffurfiol. Daw elfen o frwdfrydedd bywiog i'n gweddïau yn y cais am arweiniad yr Ysbryd. Un ffordd o ddarlunio hyn yw gweld ein bywyd gweddi fel bywyd sy'n cael ei symud gan y tonnau y mae'r Ysbryd yn eu hanfon yn hytrach na chreu tonnau ein hunain.

Un o fy hoff addewidion gyda golwg ar weddi yw'r addewid yn Eseia 56:7, lle deallwn am y ffordd y bydd Duw yn rhoi "llawenydd yn fy nhŷ gweddi." Tebyg ein bod i gyd wedi dod wyneb yn wyneb â gweddïo sy'n faich, cyfarfodydd gweddi difywyd, a gweddïo arwynebol drwy restrau. Ond, o fabwysiadu'r patrwm hwn, gweddi sy'n cael ei arwain gan yr Ysbryd yn rhoi beichiau, cawn ein gwahodd i lawenydd perthynas fyw â Duw. Yr ydym yn uno â'r un sy'n eiriol yn y nef, Iesu (Hebreaid 7:25 ac Ioan 17), drwy gael gweddïo'r pethau hynny sydd ar ei galon Ef. Tybed os na fydd ail-ddarganfod y math hwn o weddïo yn gyfrinach i ddatgloi rhai o'r addewidion rhyfeddol a rydd Iesu inni mewn gweddi?

> Ioan 14:13-14. Beth bynnag a ofynnwch yn fy enw i, fe'i gwnaf, er mwyn i'r Tad gael ei ogoneddu yn y Mab. Os gofynnwch unrhyw beth i mi yn fy enw i, fe'i gwnaf.
>
> Ioan 15:16. Nid chwi a'm dewisodd i, ond myfi a'ch dewisodd chwi, a'ch penodi i fynd allan a dwyn ffrwyth, ffrwyth sy'n aros. Ac yna, fe rydd y Tad i chwi beth bynnag a ofynnwch ganddo yn fy enw i.

Ioan 16: 23-24. Y dydd hwnnw ni fyddwch yn holi dim arnaf. Yn wir, yn wir, rwy'n dweud wrthych, beth bynnag a ofynnwch gan y Tad yn fy enw i, bydd ef yn ei roi ichwi. Hyd yn hyn nid ydych wedi gofyn dim yn fy enw i. Gofynnwch, ac fe gewch, ac felly bydd eich llawenydd yn gyflawn.

Wrth inni ddysgu gweddïo o dan arweiniad yr Ysbryd Glân, byddwn yn dysgu ein bod yn gweddïo yn ôl ewyllys Duw, a trwy wneud hynny byddwn yn darganfod mwy o'r llawenydd a ddaw wrth weld gweddïau yn cael eu hateb.

Wedi cymharu rhestrau gweddi â beichiau gweddi, dylid nodi fod y ddau ddynesiad yn debyg mewn ambell ystyr. O ofyn i'r Ysbryd Glân am yr hyn y dylech ei weddïo, peidiwch synnu os cewch dasgau fydd yn cymryd gweddill eich bywyd i'w cyflawni. Cafodd y rhai oedd yn dychwelyd o'r gaethglud rhyw damaid personol o'r wal i'w adeiladu yn ôl Nehemeia, felly hefyd gall Duw roi rhyw gornel fach o'i deyrnas fawr yn faich gweddi i ni. Bydd ein bywyd gweddi yn llifo o sylweddoliad o'r hyn y mae'r Ysbryd yn ei roi yn unigryw i ni. Onid yw hwn yn ddarlun cyffrous o fywyd gweddi? Eto, nid yn unig y mae'n gyffrous, mae hefyd yn dwyn rhyddhad mawr, gan ei fod yn ddarlun sy'n ein hatgoffa nad oes angen i ni weddïo dros bopeth. Mae Duw yn codi ei bobl, yn rhoi doniau i'w bobl, ac yn y fan hyn yn rhoi testunau arbennig i'w bobl, fel eu bod yn chwarae eu rhan hwy yn y gwaith o adeiladu'r deyrnas ledled y byd.

**Teithiau gweddi**

Un o gyfrinachau ffurfio arferion da yw prynu amser y byddem yn ei dreulio mewn mannau eraill. Bydd pobl yn dysgu iaith wrth yrru, neu yn cynyddu ffitrwydd drwy redeg i'r gwaith. Onid yw'n bosibl y medrwn dyfu mewn gweddi drwy brynu rhywfaint o'r amser a dreuliwn yn mynd a dod? Wrth i Iesu farw, rhwygwyd llen y deml yn ddau, gan arwyddo dyhead Duw i weld ei bresenoldeb yn treiddio drwy bob rhan o'n bywydau. Pa ran felly o'ch bywyd bob dydd y mae Duw'n dymuno ei lenwi â gweddi?

Mae'n debyg fod yna lawer o atebion personol i'r cwestiwn yma, ac yn sicr mi fydd amser o adlewyrchu personol yn fuddiol iawn. Er hynny, rwyf am dynnu sylw at un cymhwysiad sy'n gyffredin i'r rhan fwyaf ohonom - cerdded. Bydd y mwyafrif ohonom yn treulio tipyn o amser bob dydd yn mynd o A i B. Hyd yn oed os byddwn yn cael cymorth 'mecanyddol' i wneud y siwrnai, mae talp go helaeth o'n bywyd beunyddiol yn cael ei dreulio yn mynd i rywle. Beth fyddai canlyniad gwahodd Duw i gerdded gyda ni yn ystod yr amser yma? Beth fyddai'n digwydd petaem yn ymwybodol o'i bresenoldeb yn yr amser rhwng amseroedd a gweithgarwch arall?

Mae gweddïo wrth symud o werth yn ymarferol gan ei fod yn prynu gweithgarwch cyffredin, ond rwy'n credu ei fod o werth ysbrydol hefyd. Defnyddir y darlun o gerdded gyda Duw yn aml yn yr Ysgrythur fel darlun o gyfeillgarwch â Duw. Yr ydym hyd yn oed yn darllen fod Duw ei hun wedi cerdded gyda'r ddynoliaeth yn Eden (Genesis 3:8-10). Darllenwn am Enoch, un o gyfeillion mwyaf Duw fel un oedd wedi "rhodio gyda Duw" (Genesis 5: 22-24). Darllenwn am Iesu yn cerdded ar achlysuron arwyddocaol iawn gyda'i ddisgyblion, gyda'r esiamplau yn Luc 24 ac Ioan 21 yn rai amserol yn y cyd-destun hwn. Yn ôl un diwinydd, Duw yw'r 'three mile an hour God' gan fod cynifer o enghreifftiau o Dduw yn dal cymundeb â phobl yn yr Ysgrythur wrth iddynt deithio.[18] Mae rhywbeth am gerdded sy'n hwyluso creu a chynnal perthynas. Efallai ei fod yn rhywbeth am y cyflymder rheolaidd, rhywbeth sy'n milwrio'n braf yn erbyn prysurdeb bywyd, bywyd sy'n mynnu fod pawb yn effeithiol, hyd yn oed yn y defnydd o'u hamser.

Mae'r arfer o weddïo wrth gerdded yn meddu'r grym i'n gwneud yn ymwybodol o bresenoldeb parhaol Duw (Salm 139:2-3). Ond ymhellach, dyma ble mae grym yr hyn a adwaenir yn draddodiadol fel 'tro gweddi'. Defnyddir y term er mwyn disgrifio taith weddi benodol, yn aml drwy fynd o amgylch ardal, neu o ymweld â lleoliad penodol yn y gymuned lle y mae yna ddyhead i weld bendith Duw yn torri drwodd. Mae'r arfer hwn o fynd am dro gweddi wedi bod yn rhan sylweddol i mi o batrwm bywyd sy'n dyheu am ddiwygiad. Fe fyddwch eisoes wedi gweld fod tipyn sylweddol o'r hyn yr ydym wedi ei ddarganfod yn y Salmau yn y llyfr hwn wedi ein hannog i ymwneud â realiti ein byd toredig mewn gweddi. Un peth yw gwneud hyn o ddiogelwch ein stafell ddirgel, tra bod gwneud hyn wyneb yn wyneb â gweld effeithiau'r breuder hwn yn ein cymunedau yn ein symud i lefel uwch. Yn hyn, gall mynd am dro gweddi fod yn brofiad grymus, gan uno ymwneud cenhadol yn y gymuned â ffydd weddigar wrth inni fyw yn y nefolion leoedd.

---

18 Kosuke Koyama, *Three Mile an Hour God*, SCM Press, 2021

## Cylch Gweddi

Yr ymarfer olaf yw'r un sy'n ymhlyg yn holl dudalennau'r llyfr hwn. Yn aml ceir hyd i rym anghyffredin mewn gweddi wrth inni gylchdroi drwy ein gweddïau. Yn ein myfyrdod ar Salm 74, nodwyd y darlun Beiblaidd o weddi fel gweini Gair Duw fel cleddyf (Effesiaid 6:17-18). O holi unrhyw wneuthurwr cleddyfau, tebyg y byddent yn dweud fod arbenigedd mewn gweini cleddyf yn dod o fod yn gyffyrddus â'r arf drwy ddefnydd cyson. Felly hefyd bydd arbenigedd mewn gweddïo'r Ysgrythur yn dod o arfer cyson. Mae'r Beibl yn llawn geiriau grymus, fel y Salmau yn y llyfr hwn, ac ni fwriadwyd y byddai'r rhain yn cael eu darllen unwaith ac yna eu hanghofio. Maent yn rhodd o law Duw i'w defnyddio'n gyson. Wrth inni weini cleddyf Salm 44 yn gyson, down yn gyhyrog yn gweddïo dros ddiwygiad cenedlaethol. Wrth inni weini Salm 79 yn gyson, down yn gyhyrog yn gweddïo dros leoedd anial.

Beth fyddai canlyniad gorffen y llyfr hwn felly drwy ymrwymo i weddïo'r Salmau hyn mewn cylchoedd? Beth fyddai canlyniad ymrwymo i ddau gylch y mis? Os ydych wedi bod drwy'r rhain unwaith, beth am fynd drwyddynt am yr ail waith. Yr ydym wedi canolbwyntio ar bymtheg er mwyn hwyluso patrwm o weddïo am ddiwygiad ar gylch o bythefnos. Beth am roi tro arni? Wrth ysgrifennu'r llyfr yr wyf wedi mabwysiadu'r arfer fy hun, a medraf gadarnhau fod Salmau Asaff a Meibion Cora yn rhoddion mewn gweddi sy'n parhau i roi o'r newydd wrth ail-ymweld â hwy.

Efallai ichwi sylwi fod pob un o'r ymarferion hyn yn ymarferion ar gyfer unigolyn yn eu hanfod. Ond, peidiwch caniatáu i hyn dynnu eich llygaid oddi wrth yr egwyddor Feiblaidd i sicrhau arferion gweddi o fewn y gymuned ffydd ehangach. 'Ein Tad' nid 'Fy Nhad' yw geiriau cyntaf y weddi ddysgodd Iesu inni. Gellid fod wedi ysgrifennu llyfr cyfochrog ar yr eglwys mewn gweddi dros ddiwygiad yng Nghymru, a pwy a ŵyr na ddigwydd hyn rhyw ben! Am nawr, dyma ambell syniad syml am ffyrdd o fabwysiadu'r arferion hyn yn eich cymuned ffydd …

1. **Gweddïwch fel Daniel gyda'ch gilydd:** Beth am gychwyn Tŷ Gweddi yn lleol gyda phatrwm o weddi ddyddiol, gan gasglu ynghyd i addoli yn y bore, i eiriol ganol dydd ac i fyfyrio fin nos.

2. **Cyfarchion Gweddi gyda'ch gilydd:** Penderfynwch ar amser penodol yn ddyddiol pryd y byddwch chi a'ch ffrindiau agosaf yn gweddïo Gweddi'r Arglwydd ynghyd, naill ai gyda'ch gilydd mewn un lle neu ar wahân ar yr un pryd.

3. **Beichiau Gweddi gyda'ch gilydd:** Tynnwch allan restr o'r beichiau y mae Duw yn eich galw fel eglwys i eiriol drostynt.

4. **Tro Gweddi gyda'ch gilydd:** Cynlluniwch dro gweddi wythnosol ar gyfer eich eglwys, o amgylch eich cymuned. Dysgwch i amgylchynu eich cymuned â gweddïau am fendith ac iachawdwriaeth.

5. **Cylchoedd Gweddi gyda'ch gilydd:** Cychwynnwch Gylch Gweddi gyda ffrindiau agos sy'n weddiwyr, ac anfonwch neges yn ddyddiol neu yn wythnosol i annog eich gilydd mewn cylchoedd gweddi. Rhannwch yr adnod sydd ar eich calon ar y diwrnod arbennig hwnnw.

Fel pob antur, mae'r antur o eiriol mewn gweddi yn un sydd ar ei gorau o gael ei rhannu.

**Gair i Gloi**

Un o'm hoff olygfeydd yn *Return of the King* yw'r eiliad dyner honno rhwng Pippin, yr Hobbit lletchwith a Gandalf, y dewin grymus. Drwy gyfres o ddamweiniau mae Pippin wedi ei ddewis yn Geidwad y Gaer. Mae'r bod di nod yma yn cael ei hun yn wyliwr dros ddinas fawr y ddynolryw. Byddaf yn cael fy atgoffa o'n galwad ni i eiriol wrth feddwl am yr olygfa, i fod yn wylwyr ar furiau'r ddinas, gan alw ar Dduw ddydd a nos i sefydlu ei deyrnas (Eseia 62:6-7). Teimla Pippin yn gwbl annigonol i'r gwaith, ac felly ninnau yn ein galwad i eiriol. Wrth ystyried maint y dasg y mae Duw yn ein galw iddi, fe all deimlo fel bod y nefoedd wedi anfon y galwad i'r cyfeiriad anghywir. Ond y peth allweddol i Pippin yw nad oes angen cyflawni'r gwaith ei hun, oherwydd mae Gandalf, y dewin grymus a doeth yn cyd-gerdded ag ef.

Wedi dweud popeth, bywyd o berthynas glos, ac antur gyda Duw yw gweddi. Mae'r gwaith o eiriol yn bartneriaeth gyda Duw yn y gwaith y mae ef yn ei wneud yn achub. Daw agosatrwydd rhannu calon Duw a'r fraint o gyhoeddi gwrthsafiad sanctaidd, at ei gilydd yn erbyn tristwch y byd. Prin y gellid dychymyg gwaith mwy cynhyrfus i fod ynglŷn ag ef.

Hyd yn oed pan mae'r gwaith yn ymddangos yn ormod, cawn ein hatgoffa ein bod yn cael bod yn y gwaith gydag Ef. Bu inni gychwyn y daith drwy gael ein hatgoffa ein bod yn offeiriaid, yn cael ein galw i eiriol dros eraill, a hynny i'r diben o weld pobl yn cael profi grym Duw yn bersonol. Yr ydym yn dirwyn y daith i ben drwy gofio mae Iesu yw ein Harchoffeiriad Mawr, sy'n "byw bob dydd i eiriol drosom" (Hebreaid 7:25). Y mae gyda ni, mae'r Brenin doeth a grymus yn gwmni inni, ac nid ydym yn gweddïo ar ben ein hunain.

Ni fydd yr antur o weddïo dros ddiwygiad yn gorffen yr ochr hyn i ogoniant. Bydd wastad mwy o rym Duw i'w weld yn torri i mewn i'n presennol. Mae'r rhai sy'n cychwyn ar y siwrne o ddysgu byw bywyd gweddi yn sylweddoli na fydd y siwrne byth yn dod i ben yn gyfan gwbl. Yn wir, rhan o lawenydd y siwrne yma yw'r gorwel 'nad yw'n bod' wrth inni fyw yng nghwmni Duw. Mae ganddo antur gudd i bob un ohonom mewn bywyd o weddi sy'n llawn o syndod a melyster di-ben-draw, wrth inni rannu ei galon ac ymuno â'i fyddin. Fel y dywed Meibion Cora, "Gwyn eu byd y rhai... y mae eu calonnau wedi eu gosod ar bererindod."

Gadewch inni fod yn bobl lawen. Gadewch inni weddïo.

# Cydnabyddiaeth

Un o'r testunau llawenydd annisgwyl sydd wedi cyd fynd ag ysgrifennu'r llyfr hwn yw'r ffrindiau sydd wedi rhannu'r baich i godi gweddi dros symudiad o eiddo Duw yn ein tir. Yr wyf am gymryd eiliad i fynegi fy niolchgarwch i rai o'r unigolion hyn.

Yn gyntaf, diolch i Meirion Morris am gyfieithu'r llyfr i'r Gymraeg, gan gynnig anogaeth amserol ar hyd y daith. Diolch yn fawr iawn.

Yn ail, diolch i David Dry sydd wedi gweithio'n ddiflino yn prawf ddarllen y Saesneg gwreiddiol, tra hefyd yn awgrymu ambell olygiad. Mae wedi bod yn fraint gweithio ochr yn ochr â thi gyda'r prosiect hwn. Diolch David.

Yn drydydd, diolch i Lucy Dalton am y cynllun clawr hyfryd a'r darluniadau pwrpasol. Diolch iti Lucy am rannu dy ddawn greadigol gyda'r prosiect hwn.

Yn bedwerydd, diolch i Gwil Jeffs, Jos Edwards, Alain Emerson a Hannah Hess, pobl a ddarllenodd y drafftiau cynnar gan wneud awgrymiadau gwerthfawr. Diolch hefyd i Ben Franks, un arall a ddarllenodd ac a gynigiodd adborth, ac ar yr un pryd a ganiataodd imi ddefnyddio rhai o nodiadau ei bregeth ar gyfer y myfyrdod ar Salm 44. Diolch i bob un ohonoch am gredu'r galon sydd y tu ôl i'r llyfr hwn.

Yn olaf diolch i'm priod annwyl, Charlotte. Nid yw'n ormodiaeth i dystio na fyddai'r llyfr hwn byth wedi gweld golau dydd oni bai am dy anogaeth gychwynnol imi. Diolch am gyhoeddi hyder i mewn i fy swildod ac am fy nghefnogi ar hyd y daith.

# Anogaethau Gweddi

**DIWRNOD 1 (Sul)**
**Salm 42**

Darllenwch ad 1-2.
Cymerwch eiliad i fynegi dyhead eich calon am Dduw.

Darllenwch ad 3-7.
Cymerwch eiliad i dywallt eich enaid, sut bynnag yr ydych yn teimlo ar y funud, o flaen Duw.

Darllenwch ad 8-11.
Cymerwch eiliad i gyhoeddi'r Efengyl dros eich enaid eich hun, gan dderbyn gobaith newydd o law Duw.

**DIWRNOD 2 (Llun)**
**Salm 44**

Darllenwch ad 1.
Cymerwch eiliad i ofyn i'r Ysbryd Glân i ddwyn storïau ysbrydoledig am waith Duw i'ch cof, o'r Ysgrythur ac o hanes yr Eglwys.

Darllenwch ad 2-8.
Cymerwch eiliad i fwrw eich adnoddau o flaen Duw gan ildio iddo mewn ffydd.

Darllenwch ad 9-22.
Cymerwch eiliad i alaru am gyflwr yr eglwys yn ein cenedl.

Darllenwch ad 23-26.
Cymerwch eiliad i bledio â Duw, y bydd yn cofio ei addewidion yn ein dydd.

**DIWRNOD 3 (Mawrth)**
**Salm 45**

Darllenwch ad 1-9.
Cymerwch ychydig amser i weddïo y bydd teulu eich eglwys yn dod yn ymwybodol o brydferthwch y Brenin Iesu o'r newydd.

Darllenwch ad 10-17.
Cymerwch eiliad i ildio i Grist fel ymateb i'w brydferthwch anghymharol.

**DIWRNOD 4 (Mercher)**
**Salm 46**

Darllenwch ad 1-3.
Cymerwch eiliad i godi anghenion eich cymuned o flaen yr Arglwydd.

Darllenwch ad 4-7.
Cymerwch eiliad i weddïo dros arweinwyr eglwysig, a dros y rhai sy'n plannu eglwysi, gan weddïo'n arbennig y bydd persbectif nefol yn cael ei ddiogelu iddynt.

Darllenwch ad 8-11.
Cymerwch eiliad i wneud dim ond anadlu, ac i ymlonyddu ym mhresenoldeb Duw.

**DIWRNOD 5 (Iau)**
**Salm 47**

Darllenwch ad 1-4.
Cymerwch eiliad i ddiolch i Dduw am eich iachawdwriaeth.

Darllenwch ad 5-7.
Cymerwch eiliad i ganu cân o fawl i Dduw.

Darllenwch ad 8-9.
Cymerwch eiliad i weddïo y bydd arweinwyr cymunedol a gwleidyddol yng Nghymru yn profi'r wefr o adnabod Iesu.

**DIWRNOD 6 (Gwener)**
**Salm 48**

Darllenwch ad 1-3.
Cymerwch eiliad i ddiolch i Dduw am eich eglwys leol.

Darllenwch ad 4-8.
Cymerwch eiliad i weddïo y bydd Duw yn amddiffyn eglwysi lleol yn eich cymuned.

Darllenwch ad 9-14.
Cymerwch eiliad i weddïo dros weld yr efengyl yn cael eu rhannu o Gymru i'r Cenhedloedd, o'ch cymuned chi i gymunedau cyfagos ac o'ch bywyd chi i fywyd y genhedlaeth nesaf.

**DIWRNOD 7 (Sadwrn)**
**Salm 50**

Darllenwch ad 1-6.
Cymerwch eiliad i fyfyrio ar ogoniant Iesu.

Darllenwch ad 7-15.
Cymerwch eiliad i ofyn i'r Ysbryd Glân i chwilio eich calon, gan ddatguddio'r ffyrdd yr ydych wedi crwydro oddi wrth yr Arglwydd mewn gair a gweithred.

Darllenwch ad 16-23.
Cymerwch ychydig amser i weddïo dros yr eglwysi yn eich cymuned, gan weddïo'n arbennig y bydd eu bywyd yn cael ei nodweddu gan hygrededd.

**DIWRNOD 8 (Sul)**
**Salm 74**

Darllenwch ad 1-3.
Cymerwch eiliad i feddwl yn weddigar am y llefydd anial yn eich cymuned.

Darllenwch ad 4-11.
Cymerwch eiliad i weddïo â hyder beiddgar y bydd Duw yn ymyrryd yn eich cymuned.

Darllenwch ad 12-17.
Cymerwch eiliad i gyhoeddi buddugoliaeth Duw dros rymoedd y tywyllwch yn ein tir.

Darllenwch ad 18-23.
Cymerwch eiliad i weddïo dros hygrededd yr eglwys.

### DIWRNOD 9 (Llun)
### Salm 75

Darllenwch ad 1.
Cymerwch eiliad i alw allan enwau llefydd yng Nghymru o flaen Duw sy'n ymddangos yn anialwch ysbrydol.

Darllenwch ad 2-8.
Cymerwch eiliad i eiriol dros y rhai sy'n profi tlodi enbyd yng Nghymru.

Darllenwch ad 9-10.
Cymerwch eiliad i i ofyn i Dduw am gyfle i sefyll dros gyfiawnder heddiw.

### DIWRNOD 10 (Mawrth)
### Salm 77

Darllenwch ad 1-9.
Cymerwch eiliad i ymlonyddu, gan ystyried pa emosiwn sy'n rheoli eich calon y funud yma - dewch ag ef o flaen Duw.

Darllenwch ad 10-14.
Cymerwch eiliad i bledio blynyddoedd deheulaw'r Goruchaf yn eich bywyd. Cofiwch a phlediwch.

Darllenwch ad 15-20.
Cymerwch eiliad i weddïo y bydd grym atgyfodiad Iesu yn cael ei brofi yn nyfnder tywyllwch a marwolaeth eich cymuned.

### DIWRNOD 11 (Mercher)
### Salm 79

Darllenwch ad 1-7.
Cymerwch eiliad i greu rhestr weddi o amgylch yr ymadrodd, 'Pa hyd'.

Darllenwch ad 8-12.
Cymerwch eiliad i weddïo drwy un o'r deisyfiadau sydd yn yr adnodau hyn, gan roi'r ffocws yn eich gweddïau at yr angen am ddiwygiad yng Nghymru.

Darllenwch ad 13.
Cymerwch eiliad i weddïo dros unigolion yn eich bywyd sydd yn anghrediniwyr hyd yn hyn. Gweddïwch am eu hiachawdwriaeth.

### DIWRNOD 12 (Iau)
### Salm 80

Darllenwch ad 1-3.
Cymerwch eiliad i ystyried pa agwedd o natur Duw y mae angen i chi gael gwell gafael arno. Gofynnwch i Dduw i ddatguddio hyn i chi.

Darllenwch ad 4-7.
Cymerwch eiliad i ystyried ymhle y gwelwch effeithiau'r Cwymp yn eich cymuned.

Darllenwch ad 8-15.
Cymerwch eiliad i weddïo mewn ffydd am weld bendith yn cael ei thywallt ar Gymru.

Darllenwch ad 15-19.
Cymerwch eiliad i addoli Iesu, gobaith ein tir.

### DIWRNOD 13 (Gwener)
### Salm 81

Darllenwch ad 1-7.
Cymerwch eiliad i ymhyfrydu yn yr Efengyl o'r newydd.

Darllenwch ad 8-10.
Cymerwch eiliad i edifarhau am yr eilunod sydd yn eich calon.

Darllenwch ad 11-16.
Cymerwch eiliad i i ymlonyddu yn eich calon ac i wrando ar lais yr Ysbryd Glân ar gyfer eich eglwys, eich teulu neu dros Gymru.

### DIWRNOD 14 (Sadwrn)
### Salm 84

Darllenwch ad 1-4.
Arhoswch am gyfnod arwyddocaol yng nghwmni Duw.

Darllenwch ad 5-7.
Cymerwch eiliad i weddïo y bydd y rhai sy'n plannu eglwysi yn cael eu cryfhau.

Darllenwch ad 8-12.
Cymerwch eiliad i weddïo dros bob arweinydd eglwysig, gan ofyn am gael eu gweld yn cerdded yn ostyngedig o flaen pobl, ac mewn perthynas agos â Duw.

### DIWRNOD YCHWANEGOL  Salm 85

Darllenwch ad 1-7.
Cymerwch eiliad i ddychmygu'n weddigar Gymru wedi ei hadnewyddu.

Darllenwch ad 8-9.
Cymerwch eiliad i weddïo dros heddwch pobl Dduw ac iachawdwriaeth y colledig.

Darllenwch ad 10-13.
Cymerwch eiliad i weddïo y bydd y rhai sy'n plannu eglwysi yn paratoi ffordd ar gyfer dyfodiad gogoniant Duw, drwy geisio ei deyrnas ef yn gyntaf yn eu bywydau a'u gweinidogaethau.

---

Gellir cael copi o'r Anogaethau Gweddi hyn at ddefnydd personol o'n gwefan: 100.cymru/llyfrau